BIBLIOTECA DE DERECHO EUROPEO

Cristina Costantini
Claudia Amodio
(Directoras)

Carlos Antonio Agurto Gonzáles
Sonia Lidia Quequejana Mamani
Luis Alejandro Luján Sandoval
Andrés Sánchez Ramírez
(Coordinadores Generales)

Francesca Fiorentini
Profesora Asociada de Derecho Privado Comparado
Universidad de Trieste

EL COMMON CORE DEL DERECHO PRIVADO EUROPEO Y LA CODIFICACIÓN EUROPEA

Ediciones Olejnik

El Common Core del Derecho Privado Europeo y
la codificación europea

© Ediciones Olejnik
Huérfanos 611, Santiago-Chile
E-mail: contacto@edicionesolejnik.com
Web site: http://www.edicionesolejnik.com

Primera Edición: 2018

ISBN: 978-956-7799-65-7

Diseño de Carátula: Ena Zuñiga
Diagramación: Janett Ruiz Rebaza

Impreso en Argentina 2018 Printed in Argentina

Índice

- Prólogo 9
- Presentación 15
1. Introducción al proyecto 17
2. A hombros del gigante: legados y recursos de la comparación jurídica 22
3. Aportaciones italianas al proyecto. Rodolfo Sacco y el método de la disociación de los formantes del Derecho ... 29
4. Aportaciones italianas al proyecto. La metodología del *Common Core* de Bussani y Mattei 40
5. El *Common Core* y la naturaleza metalingüística del Derecho 43
6. La proyección europea del proyecto: la red de trabajo internacional, los resultados y el impacto de la investigación 48
7. La dimensión social del *Common Core* 61
8. Retórica y política en el proyecto 64
9. Las perspectivas del *Common Core*: entre ambiciones y límites 66

Prólogo

Se me ha solicitado escribir un breve prólogo acerca del presente libro. En verdad el Derecho comparado es fascinante. Cada país entrega la oportunidad de observar la respuesta desde su sistema jurídico, una expresión de gran valía de su sociedad, a problemas que la sociedad enfrenta de manera constante. De suyo esto constituye un aporte a la planificación de las normas jurídicas, la interpretación de las mismas, la posibilidad de concordancia y aun de analogía normativa y analogía factual.

Este es un texto de aquellos que hay que leer. No se lee por sus autores, todos debidamente cualificados para exponer las materias, sino por su contenido. Es un contenido altamente valorable al conocimiento jurídico propio de los juristas y de quienes creen en un provenir al Derecho como Ciencia jurídica.

En mi tesis doctoral y un antes he abordado el método comparado a propósito de la aplicación de normas jurídicas internacionales en ordenamientos jurídicos o sistemas jurídicos nacionales y ahora, una derivación, supranacionales. Esto no es fuera de la común. El abogado hoy día enfrenta la incertidumbre del Derecho, frase que refleja el que normas jurídicas internacionales o comparadas pueden ser aplicables al caso concreto sin haber tomado conciencia de ello el legislador nacional. Este llamado a la aplicación de normas jurídicas internacionales o de otros ordenamientos jurídicos y aun de sistemas jurídicos transnacionales hace, sin duda, muy difícil entender la operación del proceso de interpretación y aplicación del Derecho, la denominada, en otros contextos jurídicos y de otras disciplinas "implementación". Al jurista, es el caso de los autores citados profesores Mauro Bussani y Ugo Mattei, ambos italianos pero del Trentino, donde se habla alemán e italiano y las audiencias penales se desarrollan en alemán (como me refiriera un gran jurista italiano hace poco, amigo del gran Profesor Dr. Guzmán Dalbora, en Valparaíso), era y es un lugar propicio para divagaciones intelectuales que auxilian a comprender más y mejor al Derecho.

La autora presenta un "proyecto" un verdadero objeto de estudio en ciernes que hoy, como lo ha dicho Rivacoba en otro contexto, es un acto. Es decir, hoy día se constituye en un área del saber donde se ha desarrollado una metodología única para el proyecto con la idea de hacerla conocida y aplicable a otros países acerca del "corazón" del Derecho privado europeo.

En este sentido no podemos dejar de mencionar a los "viejos olvidados" de nuestro Derecho, me refiero al Derecho romano y a la Historia del Derecho así como al Derecho internacional y, por cierto, una rama nueva pero relevante, la transnacional. Es que si miramos la enseñanza y el aprendizaje no existe por parte de nuestro estudiantado, o al menos pareciera no existir, los estudiantes a veces nos sorprenden, interés en dichas materias. Golpeados por la necesidad de contar con dinero para sus estudios o la vida muchas veces olvidan la formación en escuelas de derecho donde, de manera que, con aplicación, debiera desarrollarse cursos que los formaran intelectivamente para cuando no tengan norma jurídica aplicable o existieren contradicciones jurídicas o legales que aunque sistemas contienen estas "fracturas".

La "fusión legal metodológica" de la cual habla la autora, Profesora Francesca Fiorentini, tiene su origen no sólo en Trento y su universidad sino en las normas jurídicas de la Unión Europea. Esto con un factor de costos de por medio, la diversidad de normativa jurídica llevaba a que necesariamente se encarecieran las transacciones. Igual que en el Derecho tributario la necesidad de aprovisionar al Estado de renta hace que cada Estado cobre su impuesto sobre la misma sin importar si se ha pagado o no en otro Estado, la "doble" tributación, en materia de transacciones de todo tipo este mismo fenómeno, el pago de dinero por cada transacción, se convierte en un costo a considerar por los respectivos interesados.

¿La historia de Italia, un auxilio al Derecho comparado? ¿Qué sucede en Alemania?

Si observamos a Italia y Alemania en los últimos quinientos años podemos encontrarnos con países divididos y con sistemas jurídicos regionales que dependen de diferentes normas jurídicas que se contienen en sus propios sistemas jurídicos. Basta recordar las fuentes del código civil chileno, es posible a medida que estudiamos dicho código reconocer en su "Mensaje" "Códigos" que provienen de diversas ciudades o regiones italianas.

Esto nos hace reflexionar acerca de la influencia de la historia del Derecho en la comparación. Es dable sostener como hipótesis que la multiplicidad de Estados en estos dos países ha generado una rica fuente para entender al Derecho comparado y lo que es muy relevante, su método. Este método adquiere singular importancia en lo que se refiere a la solución de problemas jurídicos no sólo en tribunales sino que en el ámbito administrativo y legislativo. Es decir, no es sólo el juez a quien se le debe vigilar sino al miembro de la administración pública que con una resolución pese a que su labor es la ejecución de una norma jurídica puede transgredir dicho límite para "decidir" cuando dicho acto jurídico no le corresponde.

El procedimiento metodológico

En esta materia la autora explica que primero se efectuó un "mapeo", es decir, una actividad destinada, respecto del Derecho privado mercantil de cada país (pero aplicable en el Derecho público y aun internacional como se ha desarrollado en el sistema de fuentes del Estado de Derecho internacional) de las normas jurídicas primarias, es decir, de las normas jurídicas que regulan actos humanos destinados, en este caso, a regular transacciones comercial nacionales. Se las reúne y se las compara, es necesario agregar, ordenadamente según criterios disciplinares y subdisciplinares. Esto no se efectuó de la nada sino se analizaron las opciones planteadas por los autores Schlessinger y Sacco. En efecto, el primero propone la "aproximación fáctica" y el segundo la "disociación de los formantes". Quisiera indicar muy brevemente que la cultura jurídica italiana no se entiende sin el Profesor Rodolfo Sacco, comparatista primero y iusprivatista de primer nivel, europeo, y hay que decirlo, mundial. A su vez podemos indicar que otro mentor en este trabajo fue Rudolf Schlesinger, alemán y norteamericano quien tuvo que emigrar a Estados Unidos producto de la Segunda Guerra Mundial quien desarrollo análisis comparado en su trabajo en la Universidad de Cornell en los Estados Unidos.

En Schlesinger, destaca la autora, es posible encontrar el inicio del proyecto. Se basó en lo que sigue:

a.-Método casuístico de casos

Este método consiste en "analizar la dimensión jurídica de los fenómenos empíricos.

Distinción en los fenómenos empíricos de subelementos que son unidades, los hechos de los casos.

b.- Formación de un "cuestionario fáctico"

Este cuestionario se forma por "casos prácticos", es decir, obtenidos de la realidad jurídica, casos ante la Corte o tribunales, un caso real y no sólo creado para auxiliar al aprendizaje y entender un "problema jurídico" sino uno existente debido a las pretensiones deducidas.

De Sacco es posible apuntar el siguiente aporte, la disociación de los formantes del Derecho:

a.- analiza la norma jurídica más allá de la norma legal.

b.- Entender a los formantes aquellos que constituyen las "fuentes" del Derecho.

c.- Es necesario reducir cada sistema jurídico a sus formantes. Luego, corresponde proceder a otro paso

d.- Concordancia (o discordancia) de dichos formantes, en la práctica.

e.- Análisis de las interacciones recíprocas de los formantes.

f.- Definir las diferentes opciones interpretativas

g.- Definir el peso de las diferentes opciones interpretativas.

d.- Determinación de cómo influyen la *ratio decidendi*

Quizás en este proceso podrían incluir el desarrollo que esbozó Hans Kelsen con su célebre teoría del Derecho. Ésta alguna vez ha sido calificada por algunos como propia del Derecho comparado. Esto no resulta extraño si se pretende obtener elementos comunes en el Derecho, considerado como un todo y si se mira como una "teoría" es decir, como un cuerpo de expresiones acerca de lo que el Derecho podría ser porque como objeto de estudio, bajo análisis, necesariamente mantiene, como todo objeto de estudio, incógnitas que deben develarse. Se incluye un yerro en cuanto a que las fuentes del Derecho en Kelsen se encuentren de manera escalonada en la pirámide, y no deja de ser interesante la nueva concepción de cómo tales fuentes actúan en el Derecho, casi de manera similar a la teoría que propugna este escritor.

Característica privada del proyecto "Common Core"

Este proyecto es de carácter privado como ha sido la tradición universitaria mundial. Este proyecto reúne a un número impresionante de investigadores quienes desarrollan su actividad de manera individual en el costo y por el gusto de prender así como probablemente, obtener, que quienes aprenden Derecho puedan entender mejor lo que estudian.

Esta tradición de proyectos privados para el desarrollo de la Ciencia en general se ha visto trastocado por la necesidad creciente de instrumentos económicos para el desarrollo de la investigación, así como tiempo, en el buen sentido de la palabra, para dedicarse a la ciencia e investigación metodológica de un tema.

Ciertamente el periplo intelectual del Profesor Sacco ha sido el motor de este trabajo, primero en la Universidad de Trento y luego en la de Turín, lugar de otro gran jurista, Norberto Bobbio.

Este prólogo no quiere ni puede agotar el tema. Ciertamente el lector podrá sacar sus conclusiones y auxiliarse del mismo para entender la globalidad de la materia. Sin embargo, no cabe duda que es de gran interés para la cultura jurídica el contar con texto como el que tengo el gusto de prologar y con una interesante y acabada traducción.

Sergio Peña Neira
Profesor Asociado
Universidad Bernardo O'Higgins
Doctor en Derecho

Presentación

El proyecto de investigación *"The Common Core of European Private Law"* puede ser considerado como el resultado de una fusión legal metodológica de los EEUU con Europa. En esta fusión, el particular contexto cultural europeo, junto con una serie de influencias de la doctrina italiana, ha llevado a un enriquecimiento con elementos originales del modelo importado, asegurando así el éxito de la iniciativa. Este libro expone los objetivos y métodos del proyecto, se ocupa de la relación entre el *Common Core* y la cultura jurídica italiana y evalúa el impacto del proyecto en Europa. Se dedica una especial atención a las contribuciones del *Common Core* en distintas direcciones, como el incremento del conocimiento del Derecho privado europeo, la mejor comprensión del vínculo existente entre Derecho y lenguaje o la creación de una cultura jurídica europea; además, se analizan sus límites, que pueden poner en riesgo la supervivencia del proyecto. Deseo expresar mi agradecimiento a Ediciones Olejnik, que ha incorporado mi obra a su "Biblioteca de Derecho Europeo" y al colega de la Universidad Nacional Mayor de San Marcos de Lima, Carlos Antonio Agurto Gonzáles, por esta oportunidad de diálogo con la cultura jurídica latinoamericana.

Francesca Fiorentini

1. Introducción al proyecto*

Sin lugar a dudas, el proyecto *The Common Core of European Private Law* merece ser considerado uno de los más notables ejemplos de los modos de hacer comparación jurídica en Occidente en el siglo XXI. Como trataré de hacer ver en estas páginas, el llamado *Common Core* puede ser visto como el fruto de una *fusión legal* metodológica entre los EEUU y Europa en la que, de una parte, el particular contexto cultural europeo y, de la otra, una serie de aportaciones de la ciencia jurídica italiana, han jugado un papel fundamental en el enriquecimiento del modelo de partida con elementos originales, también en la contribución al éxito operativo de la experiencia. Tal es así que hoy es difícil distinguir cuánto hay de importado y cuánto de europeo e italiano. Mas procedamos con orden. En la actualidad, la iniciativa es bien conocida, dentro y fuera de Occidente[1]. El proyecto nace en 1994 en la Facultad de Derecho de la Universidad de Trento, bajo el impulso de quienes, por aquel entonces, eran dos jóvenes estudiosos, brillantes y ambiciosos, que en aquellos tiempos empezaron a compartir un proyecto intelectual además de una gran amistad: Mauro Bussani[2] y Ugo Mattei[3]. Inmediatamente situaron la investigación bajo la guía

---

* Traducción a cargo de M.ª Elena Sánchez Jordán, Universidad de La Laguna.

1 Véase, por ejemplo, C.C. Wendehorst, "Rezeption deutschen Zivilrechts – Was bleibt übrig im 21. Jahrhundert?", en J.M. Jehle, V. Lipp, und K. Yamanaka (Hrsg.), *Rezeption und Reform im japanischen und deutschen Recht. Zweitens Rechtswissenschaftliches Symposion Göttingen-Kansai*, Göttingen, 2008, pp. 19 ss., 28 y nota 50; J. Fu, *Modern European and Chinese Contract Law*, Alphen aan den Rijn, 2011, p. 30.

2 Mauro Bussani es catedrático de Derecho comparado en la Universidad de Trieste, Director científico de la International Association of Legal Sciences (IALS - UNESCO) y Profesor Adjunto en la Facultad de Derecho de la Universidad de Macao, R.A.E. de la R.P.C.

3 Ugo Mattei es catedrático de Derecho civil en la Universidad de Turín, Alfred and Hanna Fromm Professor de Derecho Internacional y Comparado en el

honoraria de dos grandes figuras de la comparación jurídica del siglo XX: Rudolf B. Schlesinger[4] y Rodolfo Sacco.

Para entender los objetivos y el espíritu del proyecto es necesario, en primer lugar, ubicarlo geográfica y temporalmente en una doble dimensión, espacial y cultural. El *Common Core* surge en el seno de un sector de nicho de la cultura jurídica italiana, con una particular proyección en la dimensión comparada y europea (del estudio) del Derecho. Recordemos que la Facultad de Derecho de Trento, fundada en 1984 por Rodolfo Sacco, ha sido un modelo en Italia y en Europa por el papel que enseguida asumió la enseñanza del Derecho comparado[5]. Los primeros años noventa coinciden con la fase de la primera aceleración de la integración jurídica europea en el sector del Derecho privado y mercantil, impulsada por las instituciones comunitarias -en particular, del Parlamento europeo- a partir de 1989[6]. Lo expuesto

---

Hastings College of the Law, Universidad de California y Coordinador Académico del International University College (IUC) de Turín.

4 R.B. Schlesinger (1906-1996), fue profesor emérito de Derecho en la Universidad de California, Hastings College of the Law y Profesor emérito William Cromwell de Derecho internacional y comparado, Universidad de Cornell. Sobre la vida, personalidad e influencia de esta figura en la disciplina de Derecho comparado véase, al menos, U. Mattei y A. Pradi (dirs.), *Rudolf B. Schlesinger. Memories*, Trento, 2000; U. Mattei, "The Comparative Jurisprudence of Schlesinger and Sacco: A Study in Legal Influence", en A. Riles (ed.), *Rethinking the Masters of Comparative Law*, Oxford and Portland, Oregon, 2001, en cuya p. 240 véase nota 10 para más referencias.

5 R. Sacco, "L'Italie en tête", en *RIDC*, 1/1995, pp. 131 ss.

6 *Resolución sobre un esfuerzo para armonizar el Derecho privado de los Estados miembros*, de 26 de mayo de 1989, en D.O.C.E. C158 del 26 de junio de 1989, 400; *Resolución sobre la armonización de determinados sectores del Derecho privado de los Estados miembros*, de 6 de mayo de 1994, en D.O.C.E. C 205 del 25 de julio de 1994, 518; *Resolución del Parlamento Europeo sobre la aproximación del Derecho civil y mercantil de los Estados miembros*, del 15 de noviembre de 2001, en D.O.C.E. C 140 del 13 de junio de 2002, 538; *Resolución sobre la Comunicación de la Comisión al Parlamento "Un Derecho contractual europeo más coherente-Un plan de acción"*, de 2 de septiembre de 2003, en D.O.C.E. C 76, del 25 de marzo de 2004, 95. Por parte de la Comisión Europea, recuérdese, al menos, las siguientes comunicaciones: *Comunicación de la Comisión al Consejo y al Parlamento Europeo sobre Derecho contractual europeo*, COM/2001/398 final, en D.O.C.E. L 255 del 13 de septiembre de 2001; *Un Derecho contractual europeo más coherente. Un plan de acción*, COM/2003/68 def., del 12 de febrero

conecta inmediatamente el proyecto con los problemas *regionales* de la (entonces) Comunidad (actualmente Unión) Europea, en particular con los desafíos derivados de la apremiante necesidad de una integración jurídica de los diversos Derechos nacionales que pudiera (al menos) atenuar los costes de transacción ligados a la diversidad de las reglas privatísticas de los Estados miembros, diversidad que –como es notorio– obstaculiza la formación y el funcionamiento del mercado único[7]. Dentro del perímetro europeo, el desarrollo teórico del posmodernismo jurídico[8] se vincula a los problemas específicos derivados de la integración jurídica europea, y todos estos factores conjuntamente han contribuido a poner en discusión los métodos del análisis jurídico, comparado y no comparado, en los circuitos académicos[9].

---

de 2003, en D.O.C.E. C 63 del 14 de marzo de 2003; Comunicación de la Comisión al Parlamento Europeo y al Consejo *Derecho contractual europeo y revisión del acervo: perspectivas para el futuro*, COM (2004) 651 final, del 11 de octubre de 2004, no publicada en el Diario Oficial. En cuanto al Consejo, recuérdese la *Resolución del Consejo sobre un Derecho contractual europeo más coherente*, del 22 de septiembre de 2003, en D.O.C.E. C 246 del 13 de octubre de 2003.

7 Véase, por ejemplo, la Comunicación de la Comisión *Un Derecho contractual europeo más coherente. Un plan de acción*, COM/2003/68 final, cit., en D.O.C.E. C 63 del 14 de marzo de 2003, p. 7, números 25 y ss.

8 G. Minda, *Postmodern Legal Movements. Law and Jurisprudence at Century's End*, N.Y., 1995, especialmente pp. 189 ss. (traducción italiana de C. Colli, *Teorie postmoderne del diritto*, Bologna, 2001); U. Mattei, "The Comparative Jurisprudence of Schlesinger and Sacco", cit., pp. 238 ss.; U. Mattei & A. Di Robilant, "The Art and Science of Critical Scholarship. Post-Modernism and International Style in the Legal Architecture of Europe", en 75 *Tulane L.Rev.*, 2001, pp. 1053 ss.; A. Peters & H. Schwenke, "Comparative Law Beyond Post-modernism", en 49/4 *ICLQ*, 2000, pp. 800 ss.

9 Véase, entre otros, J. Smits, "European Private Law and the Comparative Method", en C. Twigg-Flessner, *The Cambridge Companion to European Union Private Law*, Cambridge, 2010, pp. 33 ss.; E R. Zimmermann, "Comparative Law and the Europeanization of Private Law", en M. Reimann & R. Zimmermann (eds.), *The Oxford Handbook of Comparative Law*, Oxford, 2008, pp. 546 ss. (ambos sobre la relación entre Derecho comparado e integración jurídica europea); W. Menski, *Comparative Law in a Global Context*, 2nd edn., Cambridge, 2006, p. 46 (sobre la relación entre Derecho comparado e integración jurídica transnacional); R. Michels, "The Functional Method of Comparative Law", en M. Reimann & R. Zimmermann (eds.), *The Oxford Handbook of Comparative Law*, cit., pp. 339 ss., 374 ss. (para algunas críticas constructivas al método

En este clima cultural, el proyecto surge con un objeto de estudio bien preciso y actual: el Derecho privado (y mercantil) de los países de la Unión Europea, y tiene un doble objetivo. En primer lugar, trata de producir un *mapeo* fiable del Derecho privado vigente en los sistemas jurídicos europeos, desvelando las semejanzas y diferencias existentes entre las reglas de las diversas jurisdicciones. Del propio título de la investigación resulta que este mapeo de las reglas existentes tiene por objeto subrayar los elementos comunes entre los Derechos nacionales -el *common core*- y no tanto las diferencias. O, simplemente, la referencia al *núcleo común* del Derecho privado europeo puede ser entendida como expresión del espíritu, compartido por los promotores de la iniciativa, con el que nace el proyecto, impregnado de confianza en la posibilidad de una integración jurídica europea basada en la profundización de los estudios comparatistas de los Derechos de los países europeos.

Téngase en cuenta, no obstante, que el proyecto -atento a la dimensión científica del Derecho comparado- no prefija cuál será la utilización que se dará a los resultados de la investigación. Esto es lo que quiere expresarse con la idea del mapeo del Derecho privado, que debe entenderse como una operación lo más objetiva y neutral posible. De acuerdo con los iniciadores de la investigación[10], dicho mapeo debería consistir en una operación conducente a la recogida de un conjunto de datos fiables, resultantes de la aplicación de un método que -como enseguida veremos- combina de manera original la aproximación fáctica de Rudolf Schlesinger con la disociación de los formantes de Ro-

---

funcional); M. Bussani, "Integrative Comparative Law Enterprises and the Inner Stratification of Legal Systems", en 8 *ERPL*, 2000, pp. 85 ss. (para una aproximación estratificada al problema de la integración jurídica europea); M. Reimann, "American Private Law and European Legal Unification: Can the United States Be a Model?", en *Maastricht Journal of European and Comparative Law*, 3(1996), pp. 217 ss.

10 El Manifiesto del proyecto se encuentra en M. Bussani y U. Mattei, "The Common Core Approach to the European Private Law", en 3(3) *Columbia J. Eur. L.*, 1997/98, pp. 339 ss. Para una presentacion más extensa del proyecto en el marco del debate sobre la construcción de un Derecho privado europeo, véase M. Bussani, "Diritto privato europeo", en *Enc. Dir., Annali*, vol. II, 2, Milano, 2008, p. 442 s., donde pueden encontrarse más referencias.

dolfo Sacco, y permite no solo una saludable verificación (y, en su caso, revisión) de los resultados transmitidos por la tradición sino, sobre todo, el logro de nuevos conocimientos.

Lo indicado hasta ahora conduce directamente al segundo objetivo del proyecto, un objetivo ambicioso y a largo plazo. Según Bussani y Mattei, el empleo del específico método de investigación y los resultados del análisis realizado podrán y deberán ofrecer una contribución cognoscitiva y educativa en la materia, indispensable para la formación de una cultura jurídica europea, que puede -quizás, mas no necesariamente- constituir la base para la armonización del Derecho privado europeo, que además se apoye en el éxito en su aplicación[11].

Existe otra característica importante del *Common Core* que merece ser mencionada; en esta ocasión no se refiere a los aspectos científicos sino a los de carácter operativo, y determina muchas de las condiciones prácticas en las que la investigación se ha desarrollado en el pasado y sigue haciéndolo en la actualidad. Me refiero al dato de que el *Common Core* es un proyecto de carácter privado, fruto de la iniciativa de los académicos que lo han pensado y propuesto, y de los aproximadamente doscientos estudiosos que hasta hoy comparten con entusiasmo las aspiraciones del mismo, y que participan -haciéndose cargo de sus gastos- en el mismo, procediendo de universidades y centros de investigación de toda Europa, así como de muchas jurisdicciones extraeuropeas[12]. En el curso de los veinte años de vida del proyecto, la iniciativa en algunos casos ha recibido financiación: en ocasiones, a través de fondos europeos; en otras, a través de financiación nacional o local, destinada en su mayoría a cubrir los costes de los encuentros anuales que se han llevado a cabo primero en Trento y, a partir de 2007, en Turín, en el seno del entonces recién nacido *International University College* dirigido por Ugo Mattei[13]. Es verdad que en los últimos años la financiación ocasional se ha reducido de modo drástico, ya que nos encontra-

11 Véase autores y obras citados en la nota anterior.

12 La lista de participantes en el proyecto está disponible en: http://www.common-core.org/.

13 Véase el sitio de esta institución: http://www.iuctorino.it.

mos en una fase de acentuada escasez de recursos para la investigación que afecta a toda la universidad italiana. Por lo demás, lo que interesa destacar aquí es que el proyecto va adelante exclusivamente gracias a la pasión de los estudiosos que participan en el mismo y a la fama que tiene a nivel internacional. Pasión de los académicos y resonancia internacional de la investigación que solo se explican a la luz de dos factores, uno científico y otro humano. De un lado, cuentan las promesas científicas de la iniciativa, aseguradas por un método de análisis de los datos jurídicos sólido y original; de otro lado, es importante también la dimensión relacional-educativa-social del *Common Core* como lugar ideal para compartir e intercambiar experiencias y conocimientos entre académicos procedentes de diversas culturas y lenguas jurídicas, que ha sabido ofrecer un importante punto de formación y cohesión a, como mínimo, dos generaciones de estudiosos.

El presente trabajo quiere profundizar principalmente en los dos factores recién indicados, con el propósito de entender el significado de la investigación, su relación con la cultura jurídica italiana y europea, su impacto sobre el sector científico de referencia y, más aún, con el fin de tratar de transmitir al lector esa inestimable mezcla entre ciencia y calidad humana de los estudiosos que la practican y que -tal como sucede en el caso de cualquier "aventura" científica[14]- desde sus orígenes remotos no solo ha permitido el éxito, sino que también ha generado los límites de esta extraordinaria empresa.

2. A hombros del gigante: legados y recursos de la comparación jurídica

El proyecto *Common Core* nace con la declarada intención de continuar y profundizar las actividades y los resultados de la experiencia científica de dos grandes figuras de la comparatística del siglo XX, el profesor R.B. Schlesinger, de la Universidad de Cornell, EE.UU. y el profesor Rodolfo Sacco, de la Universidad de Turín, que han sido declarados editores honorarios de la ini-

14 Sobre estos aspectos, cfr. F. Barone, *Le immagini filosofiche della scienza*, Bari, 1983 (en particular, cap. III, "Fantasia e scienza in Keplero", pp. 59 ss.).

ciativa. Resulta, por lo tanto, oportuno esbozar el significado de estas dos personalidades en el ámbito de la comparación jurídica que se practica en el proyecto *Common Core*. De hecho, en los manifiestos de la investigación, sus iniciadores subrayan con fuerza -es más, reivindican con orgullo- una genealogía precisa del proyecto, empleando la conocida metáfora de Newton del "enano a hombros del gigante", con el fin de ubicar la iniciativa en el contexto de la tradición a la que pertenece y de explicitar la aproximación que el proyecto ha escogido frente a la tradición[15].

En el contexto histórico cultural en el que nace esta imagen[16], se utiliza para describir una relación con la tradición (en particular, de los autores clásicos o antiguos frente a los modernos) que no es unívoca. En la Edad Media, la aproximación de Bernardo de Chartres a la tradición "preveía una amplia variedad de actitudes, desde el culto más encendido al rechazo radical; y, sin embargo, tanto en el culto como en el rechazo, aquella relación expresaba un diálogo vivo con los predecesores, su presencia activa en el horizonte cultural de la Edad Media"[17]. Una relación abierta, por tanto, donde la autoridad non cristalizaba en el dogma, sino que venía analizada a la luz de la inteligencia y de la necesidad de la modernidad. La traducción de esta imagen y de su significado en el contexto de la comparación jurídica abre una ventana interesante hacia la actitud de los promotores del

---

15 "If I have seen further it is by standing on the shoulders of giants": Letter to Robert Hooke (Feb. 5, 1676), en 1 *Correspondence of Isaac Newton* 416 (H.W. Turnbull ed., 1959) citado por M. Bussani y U. Mattei, "The Common Core Approach to European Private Law", en 3/3 *Col. J. Eur. L.*, 1997/98, p. 339 ss., 340.

16 Debe recordarse que la primera formulación de la metáfora del "enano a hombros de gigantes" se remonta a un aforismo transmitido a través del *Metalogicon* (1159) de Juan de Salisbury (libro III, cap. 4, 45 ss.): "Decía Bernardo de Chartres que somos como enanos a hombros de gigantes. Podemos ver más, y más lejos que ellos, no por la agudeza de nuestra vista ni por la altura de nuestro cuerpo, sino porque somos levantados por su gran altura". El pasaje se encuentra aludido en una abundante bibliografía; véase, por ejemplo, J. Le Goff, *Gli intellettuali nel Medioevo*, Milano, 2008, ed. or. 1985, p. 24; P. Riché, J. Verger, *Nani sulle spalle di giganti: maestri e allievi del Medioevo*, Milano, 2011.

17 M. Giansante, "Giganti e nani. Gli antichi e i moderni in una metafora medievale", en *I Quaderni del M.AE.S.*, 12-13 (2009-2010), pp. 137-150.

proyecto *Common Core* en relación con la tradición jurídica que les precede: de un lado, el respeto a las autoridades; de otro, la convicción de poder andar más allá, para dar un paso adelante en relación con el estado del arte. En particular, este convencimiento de poder alcanzar la originalidad fue el sentido atribuido por Newton a la metáfora del enano y del gigante, por lo que no es casualidad que sea justamente la versión newtoniana del aforismo la que suele citarse en las introducciones al proyecto[18].

Por tanto, se trata de entender la herencia científica de la que parte nuestra iniciativa. A tal fin es necesario arrancar, necesariamente, de la figura de R.B. Schlesinger. En los afectuosos recuerdos de Ugo Mattei[19] y Ulrich Drobnig[20] -el primero, discípulo y sucesor de Schlesinger en la cátedra de Derecho comparado de Hastings; el segundo, su asistente con ocasión de los famosos seminarios de Cornell-, se aprecia cómo la impresionante aportación de Rudi Schlesinger a la comparación jurídica ha sido posible gracias a una serie de circunstancias afortunadas que lo han forjado (como hombre y) como jurista; de una parte, en perfecta sintonía con dos de las más representativas culturas jurídicas del mundo occidental; de la otra, con particular atención a la dimensión aplicativa del Derecho.

Nacido en Alemania (en Múnich) de padre americano -de profesión abogado- adquirió la ciudadanía estadounidense *ius sanguinis*. Pasó sus años de formación en Alemania y se licenció en Múnich superando el primer *Staatsexam* con la máxima calificación. Por su condición de judío, cuando el nazismo llegó al poder en 1933, se le negó el derecho a realizar el segundo examen de estado, pero se le permitió realizar la tesis de doctorado -la *Promotion* alemana-, si bien tuvo que terminarla en dos semanas por temor a que se negase a los estudiantes judíos

---

18 M. Bussani y U. Mattei, "The Common Core Approach to European Private Law", en 3/3 *Col. J. Eur. L.*, 1997/98, pp. 339 ss., nota 8.

19 U. Mattei, "The Copernican Revolution in Legal Scholarship. In Loving Memory of Rudolf B. Schlesinger", en 20 *Hastings Int. & Comp. L. Rev.*, 1997, pp. 23 ss.

20 U. Drobnig, "A Memorial Address for Rudolf Schlesinger", en M. Bussani y U. Mattei, eds., *Making European Law. Essays on the 'Common Core' Project*, Trento, 2000, p. 5 ss. Ulrich Drobnig es Director emérito del Max-Planck-Institut für ausländisches und internationales Privatrecht de Hamburgo, Alemania.

el derecho de obtener el doctorado. En esa ocasión, Schlesinger escogió como director a un profesor -Rudolf Müller-Erzbach- que, junto a Rudolf von Ihering, estuvo entre los promotores de la *Interessenjurisprudenz*[21]. No es casualidad que, bajo la guía de aquel, Schlesinger escribiera un trabajo sobre la interpretación por parte de los tribunales de la cláusula general del § 1 de la Ley contra la competencia desleal (*Gesetz gegen den unlauteren Wettbewerb*), que prohibía "acciones contrarias a las buenas costumbres (*Verstoß gegen die guten Sitten*)'. Obtuvo la máxima calificación por dicho trabajo, y le dieron la tercera *summa cum laude* que hasta entonces se había otorgado en la Universidad de Munich. Cuando, hacia finales de 1938, abandonó Alemania con su familia y se trasladó a Nueva York huyendo del nazismo, era todavía lo suficientemente joven como para empezar a frecuentar la Columbia Law School, donde destacó enseguida, convirtiéndose en *Editor in Chief* de la *Columbia Law Review*, para después convertirse en clerk del *Chief Judge* Lehman de la *Court of Appeals* de Nueva York; de ahí, pasó a ser abogado de éxito en un conocido bufete de abogados en Wall Street. En 1948, Schlesinger empezó a enseñar *Comparative Law* en la Universidad de Cornell. El curso empezó como una rareza; de hecho, se trataba de una novedad exigida por los estudiantes, mas enseguida alcanzó un éxito tremendo, lo que no resulta de extrañar dado que Schlesinger se encontraba particularmente cualificado para esa tarea: se encontraba en la extraordinaria situación de haber recibido una primera formación jurídica en uno de los sistemas más representativos del *civil law*, en cuyo ámbito -y esto debe subrayarse- las aproximaciones dogmáticas tradicionales y formales se habían visto acompañadas por los métodos innovadores y anti-formalistas de la *Interssenjurisprudenz*, atenta al momento aplicativo del Derecho. A esta primera fase de formación se unió, por necesidad, una segunda *legal education*, en esta ocasión estadounidense, seguida de la actividad práctica como abogado de

---

21 Con títulos como *Lassen sich das Recht und das Rechtsleben tiefer und sicherer umfassen?*, Berlín: Dunker & Humblot, *Die Relativität der Begriffe und ihre Begrenzung durch den Zweck des Gesetzes*, Jena: Fisher, 1913; *Die Hinwendung der Rechtswissenschaft zum Leben und was sie hemmt*, Mohr, Tübingen, 1939.

alto nivel[22]. Se entiende así que Schlesinger brillara a la hora de conectar el Derecho sustantivo con el Derecho procesal en las distintas experiencias jurídicas en las que se movía con familiaridad[23]. Sobre esta base de partida -absolutamente privilegiada-, logró construir los fundamentos de un edificio nuevo, hasta entonces ausente del panorama académico estadounidense (y no solo); esto es, el Derecho comparado entendido como ciencia que vive de la constante confrontación entre Derecho sustantivo y procesal, entre dogmas y reglas operativas, y en esto a mitad de camino, o quizás en una posición anómala, respecto de la tradicional oposición entre teorías del derecho formal y anti-formal[24].

Como es notorio, entre 1957 y 1968 Schlesinger fundó y presidió, en la Universidad de Cornell, su proyecto *Common Core*, dirigido a desarrollar el Derecho comparado para la ciencia. Schlesinger observaba[25] que las investigaciones comparativas de las principales corrientes de la época se centraban fundamentalmente en temas de investigación muy específicos y tenían naturaleza bilateral, o bien, aun cuando analizaran un cierto número de sistemas jurídicos, se limitaban a una yuxtaposición entre ellos, sin llevar a cabo una verdadera comparación (*true comparison).*

22 Cfr. U. Mattei, "*Laudatio*" pronunciada con ocasión de la concesión del doctorado *honoris causa* a *Rudolf B. Schlesinger* por la Universidad de Trento, Trento, 8 marzo 1995, disponible en: http://web.unitn.it/files/download/1313/Schlesinger_laudatio%20Mattei.pdf.

23 Según el testimonio de U. Drobnig, "A Memorial Address", cit., p. 7. Se plantea si el éxito del método de Schlesinger depende de sus cualidades intelectuales y de su cultura jurídica o bien si, y en qué medida, es transmisible, como método eficaz de trabajo, a juristas carentes de la misma experiencia y calidad. Véase Grosswald Curran, "On the Shoulders of Schlesinger: The Trento Common Core of European Private Law Project", en *ERPL*, 1/2003, pp. 66 ss., 69 ss.

24 Es cierto que hoy en día la comparación se concibe como ciencia antiformalística (así es como sitúa el propio Sacco *su* comparación en la *Introduzione al diritto comparato*, Torino, 1992, p. 52 "la comparazione ha natura opposta alla dogmatica: questa propone definizioni; quella si misura con dati reali"), pero el antiformalismo del Derecho comparado al estilo de Sacco no renuncia a asumir la dimensión dogmática y formal como formante y a incluirla, por tanto, entre los objetos de estudio, a la par de otros elementos formativos del Derecho.

25 R.B. Schlesinger (gen. ed.), *Formation of Contracts. A Study of the Common Core of Legal Systems*, vol. I, N.Y., 1968, p. 2 y ss.

En consecuencia, sus resultados eran necesariamente modestos. Por el contrario, de acuerdo con su visión, el estudio científico del Derecho comparado, que es el estudio de las reglas que gobiernan la sociedad al nivel más alto, tenía que ser multilateral e involucrar a un amplio número de estudiosos de distinta procedencia. Solo así sería posible descubrir los "principios generales del derecho", esto es, lo que más adelante denominó el *common core* del Derecho de las distintas naciones[26].

Por supuesto, este objeto de estudio necesitaba un nuevo método; exigía reunir a un importante número de estudiosos para que dialogaran sobre las reglas en una dimensión multilateral. Ante la alternativa de usar, como vehículo del estudio multilateral de las reglas, conceptos jurídicos abstractos o problemas de la vida real, escogió la segunda vía, lo que no resulta extraño teniendo en cuenta su formación. En primer lugar, Schlesinger aplicó al Derecho el método casuístico de análisis (*factual approach*), desarrollado a principios del siglo XX por autores como Malinowski, Llewellyn, y Hobel, y que hoy en día sigue siendo el más productivo de los métodos de investigación[27]. Decidió analizar la dimensión jurídica de los fenómenos empíricos distinguiendo, en estos últimos, unos subelementos, "*units which constitute the facts of a case*". En la preparación de estas unidades fácticas fue ayudado por Ulrich Drobnig y, más adelante, por un joven colega de este último[28]. Se encuentra aquí el origen del cuestionario fáctico (el *Working Paper* del Seminario de Cornell), es decir, del cuestionario que no estaba formado por preguntas teóricas sino por casos prácticos, en los que el actor se enfrenta al

26 Las explicaciones sobre la elección de esta expresión se encuentran en R.B. Schlesinger y P. Bonassies, "Le fonds commun des systèmes juridiques - Observations sur un nouveau projet de recherches", en 15 *Rev. Int. Dr. Comp.*, 1963, 501 ss., 512-522.

27 U. Mattei, "The Comparative Jurisprudence of Schlesinger and Sacco", cit., p. 243; E. Grande, "L'apporto dell'antropologia alla conoscenza del diritto. Piccola guida alla ricerca di nuovi itinerari", en 14 *RCDP*, 1996, pp. 467 ss.

28 Se trataba del Dr. Herbert-Jürgen Gündisch, asistente procedente también del Max-Planck Institut de Hamburgo, posteriormente abogado de éxito y juez del *Hamburgisches Verfassungsgericht*, el más alto órgano jurisdiccional de la *Freie Hansestadt Hamburg* durante 26 años.

demandado y donde hay una demanda judicial en la que existe un *petitum* determinado, en los que la afirmación de un derecho viene negada por la contraparte. Quien responde el cuestionario debe resolver el caso práctico de acuerdo con las reglas del sistema jurídico de procedencia, desarrollando al mismo tiempo el doble papel de juez imaginario del caso y de autor llamado a explicar las razones técnicas y de cultura jurídica de apoyo a la solución propuesta. Recordemos que, de acuerdo con la intención original de Schlesinger, el método fáctico debía aplicarse al Derecho de obligaciones y contratos, un sector amplio y de fundamental importancia desde el punto de vista del tráfico transnacional[29].

Se observa, pues, que en las ideas y en los objetivos que laten en la base de la investigación de Schlesinger se pone de manifiesto la fe universal típica del momento del primer Congreso de Derecho comparado de París (1900). Se trataba de una fe en la posibilidad de hacer comparación a alto nivel y de alcanzar resultados ambiciosos, pero que, sin embargo, pronto chocó con una realidad llena de obstáculos, nobles y menos nobles. Entre los menos nobles puede apuntarse que Schlesinger no disponía de una secretaría, ni de un instituto que apoyase su investigación con financiación, medios y personal *ad hoc*. Sin embargo, gracias a sus excelentes dotes organizativas, Schlesinger consisguió una ingente cantidad de fondos para las reuniones de Ithaca; Drobning recuerda[30] que la *Ford Foundation* aportó un millón de dólares, pero que luego el sponsor perdió interés hacia el proyecto. Probablemente se consideró que los resultados eran demasiado exiguos en proporción a la duración y al costo de la actividad de investigación: el famoso primer y único libro en dos volúmenes sobre un tema (importante pero) limitado como es el relativo a la formación del contrato[31].

---

29 Sobre el método comparativo de Schlesinger véase también su "The Past and Future of Comparative Law", 43 *American J. Comp. L.*, 1995, pp. 43 ss.

30 U. Drobnig, "A Memorial Address", cit., p. 11 s.

31 R.B. Schlesinger & P. Bonassies (gen. eds.), *Formation of Contracts: A Study of the Common Core of Legal Systems* (Dobbs Ferry (N.Y.), Oceana; London, Stevens, 1968, 2 volúmenes.

Los obstáculos prácticos con los que tropezó el proyecto de Schlesinger muestran cómo esta gran figura ha dejado en herencia a los estudiosos italianos que desarrollarán el proyecto *Common core* un método de investigación innovativo y promitente, pero difícil de poner en práctica, tanto entonces como hoy en día, teniendo en cuenta la realidad que se vive en las universidades europeas e italianas.

3. Aportaciones italianas al proyecto. Rodolfo Sacco y el método de la disociación de los formantes del Derecho

La primera aportación italiana a las raíces del proyecto *The Common Core of European Private Law* se apoya en el método de análisis jurídico desarrollado por la escuela comparatística italiana; en concreto, por parte de su fundador, Rodolfo Sacco. Se trata, por supuesto, de la denominada disociación de los formantes del Derecho[32]. En realidad, para recorrer la conexión entre la experiencia de Schlesinger y la cultura jurídica italiana en la que ha trabajado Rodolfo Sacco, es útil mencionar de entrada la figura crucial de otro gran estudioso italiano, Luigi (Gino) Gorla[33].

Profesor de Derecho civil en Cagliari desde 1934 (y profesor de Derecho comparado en Roma solo desde 1960, sucediendo en la cátedra a Tullio Ascarelli) era poco ortodoxo respecto del formalismo alemanizante que imperaba en la cultura jurídica italiana de la época. Se había formado en la escuela del formalismo conceptual (se licenció en 1928 en la Universidad estatal de Milano, con una tesis de laurea dirigida por Emilio Betti sobre "El concepto general de accesión en el Derecho civil italiano", y enseguida empezó a trabajar como abogado) y su primera producción científica estaba casi[34] perfectamente en línea con los cáno-

32 R. Sacco, "Legal Formants: A Dynamic Approach to Comparative Law (installments I and II)", 39 *American J. Comp. L.*, 1991, pp. 1 ss. (I); pp. 344 ss. (II); Id., *Introduzione al diritto comparato*, cit., pp. 43 ss.; R. Sacco y A. Gambaro, *Sistemi giuridici comparati*, 3a ed., 2008, Torino, pp. 4 ss.

33 1909-199; fue profesor de Derecho comparado en Roma y Decano de la Facultad de Derecho de la Universidad de Alejandría, Egipto.

34 Desde muy pronto, Gorla mostró una latente insatisfacción por el conceptualismo formal; y es que no podía ser de otra manera para un conocedor de la

nes de la civilística dominante[35], pero renegó sucesivamente de esta forma de aproximación y comenzó a buscar métodos alternativos de observar el Derecho ¿Cómo lo hizo? Entre otras cosas, viajando, casi siguiendo los pasos de un autor al que admiraba profundamente: Alexis de Tocqueville[36]. Entre 1948 y 1949, Gorla estuvo en los Estados Unidos, donde visitó numerosas *Law Schools*. Este recorrido lo llevo hasta Ithaca-Cornell University, donde conoció a Schlesinger y se sintió atraído por la personalidad del estudioso y por su método, la aproximación factual. Gorla participó activamente en los Seminarios de Cornell. Su original trabajo monográfico sobre el contrato, publicado en 1955[37] y considerado "nuestra primera monografía comparatista de gran envergadura"[38] es, sin duda, fruto de una mente brillante, entrenada en el estudio histórico del Derecho, profundamente conocedora de las aproximaciones americanas y habituada al método factual de Schlesinger.

No es casualidad que este trabajo despertara el interés del joven Rodolfo Sacco, por entonces docente de Derecho privado en Trieste (desde 1956); fue allí, en el año 1958 y en la Facultad de Económicas, donde por primera vez enseñó Derecho privado comparado. En ese curso tuvo la oportunidad de probar el método de Gorla con los estudiantes. Sacco no había participado en la investigación de Cornell, no estaba –en esa época– familiarizado con el *common law*, ya que había sido educado en la dogmática pura; además, el inglés no era su primer idioma extranjero[39]. Sin embargo, el método de Gorla y la aproximación de Schlesinger

---

Historia del Derecho. La comisión juzgadora que en 1937 le concedió la cátedra de Derecho civil expresó "reservas de método".

35 *Le garanzie reali dell'obbligazione. Parte generale*, Milano, 1935.

36 *La démocratie en Amérique*, 2 volúmenes, París, 1835, 1840.

37 *Il Contratto. Problemi fondamentali trattati con il metodo comparativo e casistico*, 1955.

38 T. Ascarelli, "Il contratto di Gino Gorla", en *Riv. trim. dir. proc. civ.*, 1956, p. 924.

39 R. Sacco, *Che cos'è il diritto comparato?*, dir. por P. Cendon, Milano, 1992, p. 71 y U. Mattei, "The Comparative Jurisprudence of Schlesinger and Sacco: A Study in Legal Influence", en A. Riles (ed.), *Rethinking the Masters of Comparative Law*, Oxford, 2001, pp. 238 ss., 246; R. Sacco, "Souvenirs d'un vieux comparatiste", en *ZEuP*, 4/2002, pp. 727 ss.

ejercieron un profundo efecto sobre sus reflexiones. Tanto es así que en años posteriores el mismo Sacco afirmó -pecando de modestia- que las raíces de su pensamiento se remontan a la obra de estos dos grandes juristas, además de los aportes de René David[40]. Así fue como Sacco formuló su teoría de los formantes del Derecho[41]; es verdad que lo hizo recogiendo la herencia de estas grandes figuras, pero también elaborando a partir de ella los resultados como pocos hubieran sabido hacer[42], de manera original e innovadora[43], refinada y absolutamente cautivadora.

---

40 R. Sacco, *Che cos'è il diritto comparato?*, cit., p. 27 s.; 83. Aquí, Sacco, hablando de su contribución a la comparación, dice de sí mismo: "En cuanto a mí mismo, no creo haber dado nada a la ciencia. He sido [...] un notario, que ha puesto por escrito -con neologismos, en los casos necesarios- lo que han descubierto R. David, R. Schlesinger y G. Gorla. He tenido que hacerlo porque los tres maestros de los que he aprendido curiosamente -curiosísimamente- han olvidado indicar, al final de su obra, las fórmulas que les han dado la victoria y en las que se insertan los mágicos resultados de sus investigaciones" (pp. 284 y ss.).

41 Inicialmente, la teoría aparece en "Définitions savantes et droit appliqué dans les pays romanistes", en *Rev. Int. Dr. Comp.*, 1965, p. 827 ss., donde sin embargo no figura la expresión "formantes del Derecho". La tesis fue desarrollada de forma más completa en un informe presentado en Teherán en 1974, en la Academia Internacional de Derecho comparado ("Les buts et les méthodes de la comparison du droit", in *Rapports Nationaux Italiens au IX Congrès International de Droit comparé, Téhéran 1974*, 1974, p. 113 ss.), y se difunde, sobre todo, con la *Introduzione al diritto comparato* de 1980, que es cuando Sacco recurre al término "formante", trayéndolo desde la fonética (p. 46, nota 1). La primera traducción al inglés de su tesis fue obra de J. Gordley para la *American Journal of Comparative Law* en 1991 (cfr. *supra*, nt. 32). Para una discusión teórica de la teoría de los formantes del Derecho, véase R. Sacco y P.G. Monateri, "Legal formants", en J. Eatwell a.o. (eds.), *The New Palgrave. A Dictionary of Economics and the Law*, London, 1998.

42 Según el testimonio directo de U. Mattei, cuando en 1987 Mattei empezó a asistir a las clases de Schlesinger en Hastings y mencionó el nombre de Sacco, Schlesinger respondió con esta frase: "*that man understood more of the Cornell common core methodology than I did*": U. Mattei, "The Comparative Jurisprudence of Schlesinger and Sacco", cit., p. 248.

43 Nadie está más legitimado que Ugo Mattei -que ha sido discípulo tanto de Sacco como de Schlesinger- para indagar el alcance exacto de la deuda de Sacco con Schlesinger. Usando incluso fuentes personales de primera mano, no publicadas, Mattei afirma que es imposible determinar hasta donde llega la deuda de Sacco frente a Schlesinger. Según Mattei, parece que Sacco leyó

Como es notorio, en la teoría de Sacco los "formantes del Derecho" son los elementos que componen el Derecho y que son objeto de estudio de la comparación jurídica. Las etapas teóricas en las que se desarrolla la teoría son propuestas por Sacco[44] en la secuencia que se expondrá a continuación.

En primer lugar, la teoría de los formantes parte de una profundización en la noción de norma jurídica, entendida como objeto de la comparación, que no puede quedar limitada a la norma legal. Sacco pone de manifiesto que el jurista nacional está habituado a pensar en la unicidad de la regla de Derecho aplicable a un supuesto de hecho concreto, presuponiendo una equivalencia necesaria entre las reglas enunciadas por los distintos actores del Derecho, que en el discurso del jurista tienden a ser consideradas diferentes: la ley, la doctrina, la jurisprudencia. Si bien el jurista positivista puede reconocer, por lo general, que a veces estas reglas no coinciden la una con la otra, sin embargo tiende a justificar esta falta de equivalencia recurriendo a la idea del error de interpretación, porque solo una de estas reglas, y solo una de entre las varias interpretaciones posibles, debe ser exacta para el jurista doméstico, llamado a proteger la observación formal del dogma de la certeza del Derecho. Sin embargo, Sacco pone de relieve que no existe, en realidad, un criterio de coherencia lógica que imponga esta igualdad, que por otra parte no sería más que una (quizás tranquilizadora) ficción del positivismo del jurista. Por el contrario, Sacco expone que este iter lógico no puede ser utilizado por el comparatista: "Cuando comparamos, no somos competentes para casar las soluciones extranjeras porque deriven de "interpretaciones equivocadas". Al mismo tiempo, la toma en consideración de varios sistemas nos permite observar que los formantes pueden comportarse de manera diferente en

---

relativamente tarde la obra de Schlesinger (analizó el método del proyecto de Cornell para la *Rivista di diritto civile* en 1972: "Un metodo di lavoro nuovo. I Seminari di Cornell", pp. 172 ss.), y fue entonces cuando encontró una confirmación para teorías que había empezado a elaborar autónomamente: cfr. U. Mattei, "The Comparative Jurisprudence of Schlesinger and Sacco", cit., pp. 238 ss.

44 R. Sacco, *Introduzione al diritto comparato*, cit., pp. 43 ss.

el interior de cada sistema"[45]. Según Sacco, el objeto de la comparación no puede ser solo la ley, ni tampoco solo la jurisprudencia. "Conocer un ordenamiento no significa conocer cómo se han resuelto los problemas que se han presentado en el pasado; también significa conocer cuáles son los datos, presentes en la actualidad, que podrían ser determinantes para solucionar los casos que pudieran plantearse ahora o en el futuro inmediato. A tal fin es preciso aclarar cuáles son las tendencias de la jurisprudencia y considerar las influencias a las que está sujeto el juez. Tales influencias pueden tener orígenes muy diversos: por ejemplo, innovaciones doctrinales acompañadas de un amplio consenso. Para saber cuál es el impacto de estas posibles influencias sobre el juez, necesitaremos conocer al juez: así, tendremos que analizar su procedencia, ya que un juez formado en la universidad tenderá a dar mayor importancia a la doctrina que un juez formado en los tribunales" [46]. De nuevo según Sacco, "la comparación nos ofrece un terreno muy amplio en el que nosotros, después de haber descompuesto cada sistema jurídico, reduciéndolo a una serie de formantes diferentes, podremos establecer cuál es el grado de disociación de los formantes y, sobre todo, en qué medida las fuentes formales de un país, el Derecho que en él se aplica y el conocimiento que los juristas tienen del propio sistema, son concordantes"[47].

Las palabras del Maestro muestran cómo el estudio de los formantes del Derecho y de sus interacciones recíprocas permiten individualizar los factores que influyen en las reglas operativas, poniendo de manifiesto el peso ejercitado por las distintas opciones interpretativas (basadas en las interpretaciones doctrinales, en el análisis de los precedentes judiciales, etc.) sobre el Derecho aplicado.

Por otra parte, la noción de formante del Derecho no puede ser considerada únicamente un eficaz neologismo, acuñado a partir de una vieja distinción entre ley, jurisprudencia y doctrina. Al contrario: la noción que estamos examinando permite verba-

45 R. Sacco, *Introduzione al diritto comparato*, cit., p. 47.

46 R. Sacco, *Introduzione al diritto comparato*, cit., p. 47 s.

47 R. Sacco, *Introduzione al diritto comparato*, cit., p. 49.

lizar un dato de fondo crucial, según el cual la regla de Derecho que puede ser invocada para resolver un problema de la vida real nunca es uniforme cuando proviene de una de estas varias fuentes del Derecho. Y aún hay más: no es solo que la regla doctrinal pueda no coincidir con el enunciado de la ley, o con la regla jurisprudencial; es que en el interior de cada una de estas fuentes del Derecho existen discrepancias entre la regla enunciada y la practicada, es decir, ente lo que la doctrina sostiene y la solución operativa que se alcanza[48]; entre lo que la ley afirma a nivel de principio general y el resultado práctico al que se llega a través de las reglas de detalle[49]; entre el resumen (*la massima*)[50] de la sentencia y la verdadera *ratio decidendi* aplicada por el juez para resolver el caso[51]. Cada una de estas distintas voces compite con la otra. Y se explica así que, disociando los formantes del

48 Por ejemplo, en la doctrina alemana, que ha construido el principio de abstracción como principio que regula la transmisión de la propiedad, se llega a plasmar -en ciertos casos de especial gravedad de defecto de la causa de enajenación- una importante derogación de la operatividad de este principio, recurriendo a las figuras de la *Fehleridentität*, de la *Bedingungszusammenhang* y de la *Geschäftseinheit*: H.H. Seiler, *Sachenrecht - Allegmeine Lehren*, en *Staudingers Kommentar zum BGB, Eckpfeiler des Zivilrechts*, Neubearb. Berlín, 2012/2013, pp. 1119 ss., RdNr. 54 ss., 1135 ss.

49 Pensemos en la necesaria bilateralidad del consentimiento para la formación del contrato exigida por el art. 1104 CC (italiano) de 1865, de la que se aparta el art. 36, párrafo último, del CCom (italiano) de 1882, que admite la formación unilateral de la promesa no condicionada a una contrapromesa (*ripromissione*); del segundo deriva el actual art. 1333 CC italiano, que consagra el contrato de formación unilateral: R. Sacco, *Introduzione*, cit., p. 84 s.

50 N. de la T.: la *massima* es la parte de la sentencia (no oficial, porque no es obra del juez sino de quien elabora los repertorios) que resume el principio jurídico aplicado por los jueces para decidir; en muchas ocasiones, la verdadera *ratio decidendi* no resulta de este resumen, sino que es necesario leer todo el texto, en cuyo caso se habla de *massima mentitoria* (véase nota siguiente).

51 Sobre el fenómeno de la denominada '*massima mentitoria*' (*vid.* nota anterior), eficaz expresión de Sacco que en realidad se debe a Pier Giuseppe Monateri, por entonces joven estudiante de Rodolfo Sacco (vid. R. Sacco, *Che cos'è il diritto comparato?*, cit., p. 4), véase R. Sacco, "La massima mentitoria", en G. Visintini (dir.), *La giurisprudenza per massime e il valore del precedente. Atti del convegno promosso dall'Istituto di diritto privato della Facoltà di Giurisprudenza in collaborazione con la Rivista Contratto e Impresa*, Padova, 1988, pp. 93-98.

Derecho, se pueda repasar el diálogo entre las varias opciones interpretativas para identificar cuál es la que asume el liderazgo para resolver cada uno de los problemas fácticos. Naturalmente, el resultado de esta competición puede variar de un sector del Derecho a otro, al igual que ocurre entre uno y otro sistema jurídico; el diverso resultado de la competición entre formantes se aprecia especialmente cuando se observa el distinto liderazgo que existe en el *common law* y en el *civil law*.

Como puede apreciarse, el análisis disociado de los formantes implica un análisis dinámico del Derecho - así lo han querido entender los norteamericanos[52]-. Esta aproximación ha alcanzado un resultado -verdaderamente copernicano en la ciencia jurídica- que cambia de manera radical la representación conceptual de la arquitectura jurídica. Con Sacco se ha pasado de la pirámide de Kelsen, en la que las fuentes del Derecho están ordenadas jerárquicamente y de manera rígida, de arriba hacia abajo, a una idea del Derecho difícil de representar gráficamente, entendido como una competición dinámica entre elementos formativos de diferente naturaleza y procedencia, con diversas modalidades de combinación, que no dependen de criterios lógicos sino de circunstancias empíricas, con frecuencia -lo que es más interesante y relevante aún- metajurídicas[53]: la historia de una determinada comunidad, la existencia de rutinas en un cierto sector del Derecho, la prevalencia de los intereses de algunas profesiones jurídicas sobre consideraciones de política general, el tipo de educación jurídica recibida por los intérpretes del caso, de la que depende la tasa de respeto del juez en relación con la doctrina o con los precedentes, mas también la preferencia del Derecho informal sobre el formal, o el papel de lo sagrado en el Derecho. Y los ejemplos podrían ser muchos más.

Si quisiéramos proponer una representación gráfica de la teoría de Sacco, podríamos aprovechar la sugerencia que nos

---

52 Así resulta del título de la traducción norteamericana de la teoría de los formantes de Sacco: "Legal Formants: A Dynamic Approach to Comparative Law", cit. *supra*, nota 32.

53 Cfr. E. Grande, "Development of Comparative Law in Italy", en M. Reimann & R. Zimmermann (eds.), *Oxford Handbook of Comparative Law*, Oxford, 2008, p. 107 ss., 115.

ofrece el propio autor a la hora de ilustrar los resultados de la aplicación de su propuesta metodológica al análisis comparado de los problemas relativos, por ejemplo, a la formación del contrato unilateral, a la enajenación de la propiedad de los bienes muebles o al elemento objetivo del ilícito extracontractual[54]. En estos análisis, la representación de la interacción entre formantes del Derecho y, en particular, entre la letra de la norma y las reglas operativas, entre reglas verbalizadas y reglas latentes, emplea la circunferencia como imagen que permite colocar a todos los elementos formativos a un nivel de paridad equivalente entre ellos, y de indicar tanto la medida de la recíproca cercanía o lejanía (a través de cambios de ubicación señalados sobre el perímetro de la circunferencia), como la eventual coincidencia de resultados (recurriendo, en tal caso, a la intersección de las circunferencias, que de este modo llegan a identificar conjuntos comunes).

También el recurso a la noción de estructuralismo, que se ha usado para ubicar la teoría de Sacco en el contexto cultural y científico del tiempo en el que la maduró, tiene el valor de ilustrar -en este caso, también en una gráfica imaginaria- la ruptura entre el paradigma tradicional y la concepción nueva del arquitrabe jurídico que nos ofrece el maestro. La disociación de los formantes de Sacco, por tanto, se dirige a estudiar un sistema observando los elementos que componen su estructura[55]. Esta teoría, junto al análisis histórico del Derecho[56], al funcionalismo de Zweigert y Kötz[57], y a las propuestas del propio

---

54 R. Sacco, *Introduzione al diritto comparato*, cit., p. 65.

55 Para una reconstrucción del método de Sacco en el contexto más amplio del estructuralismo, difuso en otras ciencias cognitivas y sociales como la lingüística, la antropología, el psicoanálisis y la psicología, pero aplicado también en matemáticas y biología, véase U. Mattei, "The Comparative Jurisprudence of Schlesinger and Sacco: A Study in Legal Influence", en A. Riles (ed.), *Rethinking the Masters of Comparative Law*, Oxford, 2001, pp. 238 ss.; p. 251 ss.

56 Vid., al menos, R. David, *Les grands systèmes de droit contemporains*, 11ème éd. par C. Jauffret-Spinosi, Paris, 2002; J.P. Dawson, *The Oracles of the Law*, Ann Arbor, 1968; J.H. Merryman, *The Civil Law Tradition*, 2nd ed., Stanford, 1985; G. Gorla, *Diritto comparato e diritto comune europeo*, Milano, 1981.

57 K. Zweigert und H. Kötz, *Einführung in die Rechtsvergleichung*, 3. Aufl., Tübingen, 1996.

Schlesinger[58], se considera el fundamento metodológico de la moderna comparación jurídica en Occidente[59].

Llegados a este punto, merece hacer una breve profundización en la constante relación entre Derecho y dimensión metajurídica a la que se ha hecho referencia antes, con el fin de transmitir correctamente el alcance del método de Sacco.

Se ha observado[60], en este sentido, que en su origen, la disociación de los formantes tenía por objeto ilustrar cómo la solución aplicada por el juez no derivaba directamente de la ley, sino que podía deberse a otros factores, por lo general de naturaleza interpretativa. Respecto a la ideología positivista dominante, el método de Sacco permitía entender cómo la interpretación (sea doctrinal como judicial) formaba parte del Derecho. Pero si este hubiera sido el único mérito de la teoría de los formantes, el mensaje de Sacco quizás no hubiera sido tan innovador[61]. En esta

---

58 M. Graziadei, "The Functionalist Heritage", en P. Legrand and R. Munday (eds.), *Comparative Legal Studies: Traditions and Transitions*, Cambridge, 2009, p. 100 ss.

59 E. Grande, "Development of Comparative Law in Italy", cit., p. 114.

60 U. Mattei, "The Comparative Jurisprudence of Schlesinger and Sacco: A Study in Legal Influence", en A. Riles (ed.), *Rethinking the Masters of Comparative Law*, Oxford, 2001, pp. 238 ss.; p. 253.

61 En este sentido ya se había posicionado la escuela científica en Francia con François Gény (*Méthode d'interprétation et sources en droit privé positif, essai critique*, París, 1899 y *Science et technique en droit privé positif*, 4 volúmenes, París, 1913-24; cfr. además P. Grossi, "Introduzione (Ripensare Gény)", en "François Gény e la scienza giuridica nel novecento", en *Quaderni fiornetini per la storia del pensiero giuridico moderno*, 20, Milano, 1991, pp. 191 ss.), pero también con figuras como Raymond Saleilles (*De la déclaration de volonté dans le code civil allemand*, Paris, 1901) y Léon Duguit (*L'Etat, le droit objectif et la loi positive*, Paris, 1901). En Alemania, paralelamente al pensamiento de Sacco se desarrolla el mismo proceso, puesto en marcha por R. von Jhering y por varias corrientes científicas que pueden incluirse en la *Interessenjurisprudenz* (para el primero, vid. *Der Zweck im Recht*, Leipzig, 1923; sobre los segundos, véase F. Wieacker, Storia *del diritto privato moderno*, II, Milano, 1980), con la teoría hermenéutica de Josef Esser, *Vorverständnis und Methodenwahl in der Rechtsfindung*, Frankfurt a.M., 1972. Recuérdese que Esser frecuentaba Turín en los años en los que Sacco publicó su tesis de laurea (*Il concetto di interpretazione del diritto*, Torino, 1947, reimpresión 2003), en la que manifestaba su insatisfacción por el método sistemático y conceptual. El interés de Esser por el trabajo de su joven colega

versión limitada, la disociación de los formantes ha sido criticada, al considerarse una teoría no suficientemente separada de una idea positivista del Derecho, y de la confianza -típicamente positivista- de poder conocer y calibrar todos los elementos que forman el Derecho, elementos que estarían anclados en un territorio endógeno al Derecho[62].

Sin embargo, la contribución de Sacco no se limita a lo que se acaba de decir. La principal virtud de la teoría de la disociación de los formantes del Derecho radica en su porosidad; o, dicho en otros términos, en su capacidad de abrirse hacia nuevas fronteras del conocimiento del Derecho[63]. A partir de la primera y estricta acepción aludida *supra*, se puede generalizar para permitir su aplicación en el ámbito de análisis interdisciplinar del Derecho, abierto al dato metajurídico, profundamente postmoderno. Con toda seguridad, el legado de Sacco debe ser entendido en esta dirección, la misma dirección que había perseguido desde sus estudios juveniles sobre Derecho africano[64]. En este sentido, es necesario subrayar que Sacco ha sido el primer autor que ha entendido -y, sobre todo, ha teorizado acerca de- el chocante significado que para la teoría general del Derecho asume el fenómeno de la latencia del Derecho[65]. La disociación de los formantes permite al estudioso individualizar -y distinguir- reglas verbalizadas y reglas no verbalizadas. Sacco llama *criptotipos (crittotipi)* a las reglas no verbalizadas, tomando en préstamo la expresión del lingüista B.L. Whorf[66], y usándola por primera vez para una teoría general del Derecho. El autor observa que "la

llegó al punto de citarlo en su obra *Grundsatz und Norm in der richterlichen Fortbildung des Privatrechts* (Tübingen, 1956, en las pp. 102, 254 e 257).

62 U. Mattei, "The Comparative Jurisprudence of Schlesinger and Sacco", loc. ult. cit.; E. Grande, "Development of Comparative Law in Italy", cit., p. 119.

63 Cfr. R. Sacco, "Souvenirs d'un vieux comparatiste", cit., p. 736.

64 R. Sacco, *Le grandi linee del sistema giuridico somalo*, Milano, 1985. Sobre esta conexión, cfr. también A. Gambaro, "Alcune novità in materia di comparazione giuridica", en *Riv. dir. comm.*, I, 1980, pp. 297 ss., 310.

65 R. Sacco, "Il diritto muto", en *Riv. dir. civ.*, 1993, I, p. 689 ss. (trad. inglesa "Mute Law", en 43 *Am.J.Comp.L.*, 1995, p. 455 ss.); Id., "Crittotipo", en *Dig. IV, Disc. Priv., Sez. civ.*, V, Torino, 1989, p. 39.

66 R. Sacco, *Che cos'è il diritto comparato?*, cit., p. 5.

comparación permite destapar los ordenamientos y descubrir lo que hay dentro y que hasta entonces permanecía escondido, dado que en cada uno de estos ordenamientos tienen una cualidad criptográfica categorías que, en otros sistemas, son notorias y evidentes. En Inglaterra opera la defensa interdictal posesoria, en Italia el demandado en vía reivindicatoria tiene prohibido invocar el *ius tertii*, en Francia la reivindicación no existe y se va a juicio invocando el mejor derecho. Mas los ingleses no poseen la categoría de la defensa posesoria, los italianos no hablan nunca del *ius tertii*, los franceses creen disponer de la reivindicación absoluta"[67]. Sacco, después de haber observado empíricamente que los formantes están disociados los unos de los otros, logra entender -y, sobre todo, teorizar- las razones de esta diferencia. Rechazado el criterio de la coherencia lógica como explicación de la disociación de los formantes, descubre que su causa descansa, por lo general, en un *criptotipo*. Llegados a este punto, la mejor manera para poner de relieve la importancia de este logro es usando las palabras de Antonio Gambaro: "Destruir la presunción de que el nexo que vincula ley-doctrina-jurisprudencia sea la coherencia, y sustituirla por una compleja serie de vínculos de otro tipo no es [...] *normal science*; al contrario, me parece uno de los momentos más revolucionarios del desarrollo reciente de las investigaciones iuscomparativas"[68]. La teoría de Sacco pone el acento en la necesidad de observar con atención la posibilidad de descubrir datos implícitos para explicar el Derecho, abriendo su estudio a la interdisciplinariedad para detectar más fácilmente los *criptotipos*[69]. En esta dirección, el camino abierto por Sacco conduce directamente al estudio del Derecho oficial a través de la lente del Derecho no oficial, situándose como sólida cabeza de puente para superar las estrecheces de una visión positivista del Derecho[70].

---

67 R. Sacco, *Che cos'è il diritto comparato?*, cit., p. 5.

68 A. Gambaro, "Alcune novità", cit., p. 322 e s..

69 R. Sacco, *Introduzione al diritto comparato*, cit., p. Id., *Antropologia giuridica. Contributi ad una macrostoria del diritto*, Bologna, 2007.

70 Se trata de una línea de investigación desarrollada en el ámbito de la escuela de Sacco sobre todo por Marco Guadagni, con sus estudios sobre el pluralismo jurídico y el Derecho africano (*Il diritto dei paesi africani nella letteratura*

4. Aportaciones italianas al proyecto. La metodología del *Common Core* de Bussani y Mattei

Teniendo presente las líneas esenciales del conocido método de Sacco, ha llegado el momento de acercarnos a la segunda aportación italiana al proyecto *The Common Core of European Private Law*; esto es, el método adoptado por sus promotores, Bussani y Mattei. Como ya se ha adelantado, se trata de una original combinación entre la aproximación factual de Schlesinger y la disociación de los formantes de Sacco, que opera como se explicará a continuación.

En la discusión, los participantes en el proyecto identifican temas de investigación de interés, ubicados en la tripartición convencional del Derecho privado y comercial europeo y que son *Tort, Contract* y *Property*. Los trabajos de investigación están coordinados por un responsable por cada una de estas tres macro-áreas; en la actualidad se trata de Nili Cohen (Tel-Aviv) para *Contracts*; Franz Werro (Friburgo y Georgetown) para *Torts*, y Anna di Robilant (Boston) para *Property*[71]. La investigación que se inicia en relación con los específicos temas objeto de estudio se confía a la dirección de uno o más responsables científicos, que serán los editores del libro en el que desembocarán los resultados de la investigación[72]. Dichos responsables tienen la tarea de redactar cuestionarios fácticos en los que se pongan de manifiesto los problemas empíricos que plantea la materia objeto de investigación. La selección de los problemas y la formulación de los casos fácticos que permitan evidenciar el alcance de los problemas analizados también tiene lugar en el marco de la dis-

contemporanea, Trieste, 1984; *Il modello pluralista*, Torino, 1996) y, en la vertiente del Derecho "mundializado", por M. Bussani, *Il diritto dell'Occidente. Geopolitica delle regole globali*, Torino, 2010. Sobre las ventajas del método de estratos para superar las ilusiones del positivismo jurídico véase Id., "Comparative Law Beyond the Trap of Legal Positivism", en *New Frontiers of Comparative Law*, Hong Kong, 2013.

71 En el pasado han desempeñado este papel: para *Tort*: Mathias Reimann (1995-2002); para *Contract*: Simon Whittaker (1995-1997), James Gordley (1998-2002; 2004-2012), Martijn Hesselink (2003); Esin Örücü (2013); para *Property*: Antonio Gambaro (1995-2013).

72 Sobre las publicaciones de los resultados del trabajo, véase *infra*, epígrafe 6.

cusión, y con la aportación de todos los interesados en la investigación. La "pregunta fáctica" -y esto ha de subrayarse- presenta la característica de ser, esencialmente, un caso práctico que debe resolverse, que se formula con un nivel adecuado de simplicidad y abstracción y que, por lo general, debería colocarse a mitad de camino entre la pregunta teórica y el caso fáctico que normalmente viene resuelto por la jurisprudencia. Los participantes en la investigación son, por lo general, estudiosos procedentes de distintos sistemas jurídicos de la Unión Europea (o de otros sistemas extra UE, pero representativos de las tradiciones jurídicas más relevantes del mundo), expertos en la materia, que asumen la tarea de responder al cuestionario fáctico resolviendo el caso de acuerdo con el Derecho del sistema de procedencia. Hasta aquí, el proyecto se mueve en la dimensión fáctica y multilateral típica del proyecto piloto de Schlesinger.

La particularidad -y la fuerza- del método desarrollado por Bussani y Mattei se apoya en la vía a través de la cual se deben dar las respuestas/soluciones al caso planteado. Los participantes están llamados a resolver el caso afrontando tres niveles de respuesta, que deben ser mantenidos por separado, como si fueran distintos formantes sobre los que investigar. Esta tripartición de niveles es, evidentemente, fruto de la tesis de Sacco sobre la disociación de formantes, pero -si se observa bien- constituye una interesante adaptación a las exigencias de una investigación multilateral. Los tres niveles de de análisis son los siguientes[73]:

(I) Las reglas operativas (*operative rules*): en este apartado, el experto nacional debe indicar con precisión si, y con qué límites, la pretensión sostenida por el actor en el caso objeto de estudio puede ser afirmado o denegado por el tribunal o por cualquier otro mecanismo de resolución del ordenamiento según el cual el participante analiza el caso. En este nivel se explicitan las reglas del Derecho vivo, es decir, las reglas aplicadas en concreto en los distintos sistemas.

---

73 Las instrucciones a seguir para responder los cuestionarios aparecen en M. Bussani & U. Mattei, "The Common Core Approach", cit., *Annex* 1. Para una descripción detallada del método empleado en el proyecto, véase M. Bussani & V. Palmer, *Pure Economic Loss*, Cambridge, 2003, p. 168.

(II) Los formantes descriptivos (*descriptive formants*): en segundo lugar, el participante debe proporcionar los argumentos doctrinales y jurisprudenciales utilizados para apoyar las soluciones operativas dadas en el primer nivel. Este apartado representa un punto crucial de la solución del caso, porque es evidente, de lo que resulta de los métodos de Schlesinger y de Sacco, que aun cuando las soluciones operativas de dos o más sistemas fueran iguales, el eventual recurso que se hace, en esos mismos sistemas, a argumentos distintos para fundamentar el derecho aplicado, haría diferentes a los distintos sistemas jurídicos: por ejemplo, porque las soluciones operativas pueden tener distinta duración en el tiempo, en función del tipo de argumentación justificativa que se diera; o bien porque las argumentaciones sostenidas por los juristas de los distintos países son idóneas para desvelar las distintas actitudes de los diversos sistemas en relación a los principios generales del Derecho.

(III) Los formantes metajurídicos (*meta-legal formants*): por último, los participantes en el cuestionario tienen que identificar las razones metajurídicas que pueden haber influido en las reglas operativas y en los formantes descriptivos. Pueden consistir, entre otros, en datos o circunstancias no estrechamente ligados a la tradicional tríada endojurídica de ley, doctrina y jurisprudencia como, por ejemplo, el modo de organización de los tribunales, el tipo de formación exigida a los funcionarios que gestionan los registros inmobiliarios públicos, la eficiencia de la jurisdicción estatal en los distintos sistemas, el coste del acceso a la justicia en cada uno de ellos, la coincidencia o no del derecho oficial con el informal, que puede ser más o menos relevante en los distintos países, en el tema objeto de estudio. No resulta sorprendente, pues, que este nivel de investigación sea el más difícil de afrontar para los estudiosos que participan en el proyecto *Common Core*. En realidad, su comprensión y correcta resolución han representado con frecuencia un serio obstáculo para el éxito de la investigación. De hecho puede notarse cómo, sobre todo en ciertas materias en las que domina claramente la ley en casi todos los sistemas –como en el caso de la *Property*– los datos metajurídicos son más difíciles de identificar respecto a lo que sucede en otras materias en las que el formante jurisprudencial ha tenido más espacio de maniobra a la hora de modelar las reglas aplicadas como sucede, por ejemplo, en el sector *Torts*. Aquí el jurista está acostumbrado a pensar en términos de políticas, mientras que en el ámbito de la propiedad se limita, perezosamente, a identificar los abundantes datos legales. En este punto debe subrayarse con fuerza que la presencia del nivel metajurídico a la hora de responder al cuestionario es fundamental para aplicar correctamente el método del proyecto. Solo descendiendo a este nivel de profundidad del análisis de los problemas jurídicos es posible obtener un mapeo fiable de las reglas efectivamente existentes y de su resistencia en el tiempo y solo así es posible conocer realmente los sistemas jurídicos, identificando semejanzas y diferencias sobre la base de sus características más profundas, y no sobre aspectos transitorios o superficiales.

5. El *Common Core* y la naturaleza metalingüística del derecho

Existe una ulterior dirección en la que merece reconocimiento el método del proyecto *Common Core*, y es la de la relación privilegiada que existe entre el método de la investigación y la lengua del Derecho. Este aspecto no ha pasado desapercibido a los observadores más atentos[74], pero por lo general ha sido minusvalorado tanto por los análisis específicamente dedicados al proyecto como por las contribuciones sobre temas de Derecho comparado, de método y de Derecho privado europeo[75].

Rodolfo Sacco, y, con él, un puñado de sus mejores discípulos, nos han mostrado de forma eficaz cómo existen numerosos vínculos entre lengua y Derecho, entre el estudio comparativo del Derecho y la lingüística, así como entre la comparación y la

74 N. Kasierer, "The Common Core of European Private Law in Boxes and Boundles", en M. Bussani & U. Mattei (eds.), *The Common Core of European Private Law*, The Hague, 2003, pp. 111 ss.

75 Véase, por ejemplo, las contribuciones señaladas *infra*, epígrafe 6, nota 97.

traducción jurídica[76]. De la misma manera en la que el Derecho varía en función de la tradición jurídica, también el lenguaje técnico-jurídico es necesariamente local. Lenguaje y Derecho son, ambos, producto (más o menos espontáneo) de la sociedad. Además, Rodolfo Sacco ha mostrado, a través del paralelismo que existe entre Derecho, naturaleza y lenguaje, que el pluralismo jurídico, al igual que las variedades biológicas y las diferencias lingüísticas, presenta un valor positivo para la sociedad. La coexistencia e interrelación de reglas y modelos diversos lleva, de hecho, a una competición que termina por favorecer el cambio del Derecho y su progreso, según las cambiantes exigencias sociales[77]. Estas enseñanzas, correctamente entendidas, recorren la analogía entre Derecho y lenguaje en relación con la estructura interna de estos fenómenos sociales y en relación con las modalidades de cambio en su interior. Sin embargo, no dicen que el Derecho no pueda existir sin la lengua original que le da expresión en las experiencias jurídicas singulares[78].

Sobre la base de estos logros, el método del *Common Core* ofrece una contribución importante al conocimiento del vínculo entre lenguaje y Derecho ya que, a través de un ejercicio de comparación práctica, desvela los límites dentro de los cuales puede

---

76 Vid., al menos, R. Sacco, "Langue et Droit", in *Rapports nationaux italiens au XVéme Congrès international de droit comparé*, Milano, 1998, pp. 1 ss.; Id., "Molte lingue per un diritto che si va uniformando", en *Atti Accademia Lincei,* cl. Mor., Rendiconti, Ix vol, 8, 1997, fsc. 2, p. 385 ss.; Id., "Riflessioni di un giurista sulla lingua", en *Riv. dir. civ.*, 1996, 1, pp. 57 ss.; R. Sacco y L. Castellani (dirs.), *Les multiples langues du droit européen uniforme*, Torino, 1999; B. Pozzo (ed.), *Ordinary language and legal language*, Milano, 2005; Ead., "Comparative Law and Language", en Bussani & Mattei (eds.), *The Cambridge Companion to Comparative Law*, Cambridge, 2012, pp. 88 ss.; Ead. (dirs.), *Lingua e diritto oltre l'Europa*, Milano, 2014; E. Ioriatti, *Interpretazione comparante e multilinguismo europeo*, Padova, 2013; S. Cavagnoli y E. Ioriatti (dirs.), *Tradurre il diritto. Nozioni di diritto e di linguistica giuridica*, Padova, 2009; E. Ioriatti (dir.), *Interpretazione e traduzione del diritto,* Padova, 2008; G. Dannemann, S. Ferreri, M. Graziadei, "Language and Terminology", en *The Cambridge Companion to European Union Private Law*, Cambridge, 2010, pp. 70 ss.

77 R. Sacco, "La diversità nel diritto (a proposito dei problemi di unificazione)", en *Riv. dir. civ.*, 2000, I, p. 15 ss.; Id., en R. Sacco y A. Gambaro, *Sistemi giuridici comparati*, 3a ed., Torino, 2008, p. 25 ss.

78 R. Sacco, "Langue et Droit", cit.

trazarse efectivamente el paralelismo entre los dos sectores. Sin lugar a dudas existen afinidades y diferencias técnicas entre los sistemas jurídicos basados en las lenguas jurídicas; y, sin dudas, la diversidad de lenguas puede representar una trampa para el comparatista[79], pero eso no debe llevar a creer que la conexión entre lenguaje y Derecho sea ontológicamente necesaria. De hecho, para quienes perciben el vínculo entre lenguaje y Derecho como indisoluble y necesario puede parecer contrario a la intuición[80], pero el *Common Core* muestra cómo las numerosas coincidencias entre los dos fenómenos son (solo) ocasionales o, mejor dicho con las palabras de Sacco, funcionales[81].

Expongamos ordenadamente en qué consiste esta relación entre lengua y Derecho y cómo se manifiesta en el interior del proyecto. Debe tenerse en cuenta, en primer lugar, la decisión adoptada por los promotores del *Common Core* de llevar a cabo la investigación en un idioma -el inglés- que es la lengua materna de una minoría de los participantes, pero que debe ser entendida como vehículo de acercamiento entre las varias lenguas del Derecho que están representadas en el proyecto. En otros términos, el empleo del inglés no debe ser percibido como una opción que conduzca al empobrecimiento de la variedad cultural de la iniciativa a través de la prevalencia de la tradición del *common law*

---

79 Sobre las semejanzas entre sistemas jurídicos basados en el idioma (por ejemplo, en referencia a los países nórdicos), vid. E. Hondius, "Finding the Law in a New Millennium. Prospects for the Development of Civil Law in the European Union", en Bussani & Mattei (eds.), *Making European Law*, cit., pp. 61 ss., 64; sobre el problema de los *falsos amigos*, véase D. Tallon, "Les faux amis en droit compare", en J. Basedow et alii (Hrsg.), *Festschrift für Ulrich Drobnig*, Tübingen, 1998, pp. 677 ss.

80 Véase, por ejemplo, F. Schleiermacher, "Über die verschiedene Methoden des Übersetzens", en *Sämtliche Werke*, t. 3, vol. II, Berlín, 1838, p. 239, retomado por P. Legrand, "Issues in the Translatability of Law", en S. Bermann & M. Wood (eds.), *Nation, Language and the Ethics of Translation*, Princeton, 2005, pp. 30 ss.; Id., "The Impossibility of 'Legal Transplants'", en 4 *Maastricht J. Eur. & Comp. L.*, 1997, pp. 111 ss. Sobre la percepción de los autores acerca de la imposibilidad de traducir entre las distintas tradiciones jurídicas, pero adoptando una posición contraria, véase H.P. Glenn, "Commensurabilité et traduisibilité", en 3 *Rev. de la common law en français*, 2000, pp. 53 ss.

81 Así, R. Sacco, "Langue et Droit", cit.

sobre las demás. Por el contrario, el inglés hablado y practicado en el proyecto es un inglés que tiende a separarse de forma clara del inglés técnico jurídico de los sistemas jurídicos pertenecientes a la tradición del *common law*. En el seno del *Common Core*, tanto los estudiosos ingleses o americanos, como los europeos, deben esforzarse para expresar conceptos y reglas en un inglés internacional, tendencialmente neutral, que sepa homologar las categorías jurídicas[82]. El esfuerzo principal es el de reflejar y transmitir la función de las instituciones, más allá de la terminología técnica doméstica. De esta manera, el mismo idioma inglés está listo para asumir un significado nuevo y transformarse en un idioma ajeno a todos, que se forma y se desarrolla constantemente en el curso de la investigación plurianual. No es casualidad que el proyecto *Common Core* termine desarrollando sus propias decisiones terminológicas. A veces, los volúmenes que recogen los resultados de la investigación contienen un glosario terminológico que indica los términos en inglés convencional utilizado en la investigación junto con los correspondientes términos nacionales, incluidos los del inglés doméstico, relativos a todos los sistemas jurídicos objeto de análisis[83].

Nótese además que el esfuerzo de expresar las reglas locales en un idioma distinto del nacional, que es uno de los ejercicios que se practican en el proyecto, pone de manifiesto que el Derecho no tiene un vínculo necesario con las palabras utilizadas para formularlo. Por el contrario, el Derecho vive en una dimensión metalingüística, que es siempre la misma en cualquiera de los sistemas jurídicos que analicemos, si bien por lo general se exprese con palabras técnicas distintas. Este aspecto del proyec-

---

82 O. Moréteau, "L'anglais pourrai-il devenir la langue juridique commune en Europe?", en Sacco & Castellani (dirs.), *Les multiples langues du droit européen uniforme*, cit., pp. 143 ss.

83 Es el caso, por ejemplo, del volumen editado por E.-M. Kieninger, *Security Rights in Movable Property in European Private Law*, Cambridge, 2004, "Glossary", en pp. 150 y ss. Así, por ejemplo, para indicar la condución resolutiva y la suspensiva han escogido las expresiones *resolutive* y *suspensive condition*, y no los términos ingleses *condition subsequent* y *condition precedent*. Además, se ha preferido la expresión "*enterprise charge*" frente a la más conocida, pero estructuralmente ingles, "*floating charge*".

to contribuye a enriquecer la teoría general del Derecho con la confirmación empírica de la tesis según la cual la distinción entre Derecho y lenguaje reenvía a la que existe entre palabras e ideas[84]. Tal distinción se encuentra en la raíz del trabajo cotidiano del jurista en cualquier punto del mundo (al menos en lo que se refiere al Derecho que se verbaliza); basta pensar que la hermenéutica del texto legislativo procede separando la intención del legislador de las palabras que emplea para expresar las reglas[85]. La comparación que se practica en el *Common Core* confirma la generalización teórica de Sacco; es decir, que la diversidad entre los sistemas reposa en los conceptos jurídicos, no en las palabras[86]. Y es justamente la diversidad de categorías e ideas lo que constituye objeto de estudio del proyecto.

Resulta fácil observar cómo, la misma tesis de Sacco sobre los criptotipos y sobre el estudio del Derecho consuetudinario y no verbalizado ayuda a entender que el Derecho no depende de las palabras con las que se manifiesta; tal es así, que bien puede expresarse mediante la gestualidad[87]. En la misma línea, la teoría del *droit gestuel* de Jaques Vanderlinden[88] ha mostrado cómo el Derecho puede expresarse a través de imágenes y diagramas[89]. Y este es exactamente el tipo de ejercicio que tiene lugar en el interno del proyecto *Common Core*. A la hora de ilustrar los objetivos y el método de la investigación, Bussani y Mattei, pero también Gordley, Whittaker, Zimmerman y otros, utilizan constantes re-

---

84 N. Kasierer, *op. ult. cit.*, p. 113.

85 N. Kasierer, *op. loc. ult. cit.* En este sentido, la experiencia de las jurisdicciones mixtas y multilingües es importante para el proyecto *Common Core* (no es casualidad que muchos canadienses, como el mismo Kasierer, hayan participado en el proyecto) y para el Derecho comparado en general.

86 "*La technicité n'est pas dans les mots mais dans les concepts*": J.-L. Sourioux, "Pour l'apprentissage du langage du droit", en *Rev. Trim. Dr. Civ.*, 1999, pp. 343 ss., 347.

87 R. Sacco, "Mute Law", en 43 *AmJCompL*, 1995, pp. 455 ss., 467.

88 J. Vanderlinden, "Langue et Droit", en E. Jayme (ed.), *Langue et droit : XVe congrès international de droit comparé, Bristol, 1998*, Brussel, 1999, pp. 65 ss., 77, 105 ; Id., *Comparer les droits*, Bruxelles, 1995.

89 Sobre la naturaleza imaginativa y formal del Derecho, desvelada por el estudio del lenguaje, véase V. Grosswald Curran, "Cultural Immersion, Difference and Categories in U.S. Comparative Law", en 46 *AmJCompL*, 1998, pp. 43 ss.

ferencias a imágenes y metáforas para representar qué es el Derecho, cuáles son las reglas que presiden sus cambios y cómo puede ser conocido. No puede olvidarse que la misma expresión *common core* es una imagen para el Derecho que -como ya se ha dicho- trata de identificar (de nuevo a través de imágenes: *desenterrando*) más que las diferencias, los elementos comunes de las diversas tradiciones. Del mismo modo, deben recordarse las felices metáforas de la *legal cartography* que se intenta llevar a cabo con el proyecto, frente al *city planning* de los numerosos grupos académicos que en Europa han optado por una aproximación "legislativa" a la armonización[90]. En el proyecto es recurrente la figura del "mapa" del Derecho privado europeo, "trazado" y "dibujado" con varios "colores" y "perfiles"[91]. Todo lo dicho hasta ahora conecta perfectamente con la hipótesis de representación mediante gráficos de la "arquitectura" jurídica según el estructuralismo de Sacco, del que ya se ha hablado[92], que ha sido adoptado y puesto en práctica constantemente en el proyecto de Bussani y Mattei.

6. La proyección europea del proyecto: la red de trabajo internacional, los resultados y el impacto de la investigación

La proyección europea del *Common Core* puede ser medida, como mínimo, en tres direcciones. En primer lugar, ha de tomarse en consideración la riqueza de la red de trabajo internacional

---

90 M. Bussani y U. Mattei, "The Common Core Approach to the European Private Law", en 3(3) *Columbia J. Eur. L.*, 1997/98, pp. 339 ss. Recordemos que la imagen del *common core* se usaba ya a principios del siglo veinte para indicar un *droit comun législatif* nacional: W. Stoffel, "Enlightened Decision-Making", en 75 *Tulane LR*, 2001, pp. 1195 ss., 1199.

91 J. Gordley, "Mapping Private Law", en Bussani & Mattei (eds.), *Making European Law: Essays on the 'Common Core' Project*, Trento, 2000, pp. 27 ss., 37; R. Zimmermann & S. Whittaker, "Good Faith in European Private Law: Surveying the Landscape", en Id. (eds.), *Good Faith in European Private Law*, Cambridge, 2000, p. 7; X. Blanc-Jouvan, "Reflections on the 'Common Core of European Private Law' Project", en Bussani & Mattei (eds.), *The Common Core of European Private Law*, The Hague, 2003, p. 9 ss.

92 Vid. *supra*, epígrafe 3.

que se ha desarrollado en los primeros veinte años de vida del proyecto. Entre participantes activos y simples curiosos interesados por la iniciativa pueden contabilizarse al menos doscientos estudiosos procedentes de todos los puntos de la Unión Europea y de muchos sistemas jurídicos extra-UE como los Estados Unidos, Canadá, América Latina, Israel, Rusia, África o China. Interesa subrayar que se trata de muchos de los nombres que más cuentan en el ámbito del debate sobre la edificación del Derecho privado europeo, y que a lo largo de los años han colaborado con las instituciones de la UE en los estudios y proyectos de armonización en este sector[93]. Junto a ellos, hay que mencionar también a un numeroso grupo de estudiosos procedentes de los países europeos ex-socialistas[94]. Se pone así de manifiesto la vocación genuinamente europea del proyecto, que abandona la aproximación euro-occidental, imperante en muchas de las iniciativas académicas para la integración jurídica europea, en las que las jurisdicciones que son objeto de estudio de forma seria son, sobre todo, Alemania, Francia (Italia si tenemos en cuenta el proyecto Gandolfi) e Inglaterra. Además, junto a los académicos consolidados del Derecho privado europeo y de la comparación jurídica, el proyecto acoge, desde siempre, la participación de numerosos investigadores jóvenes[95].

La segunda dirección en la que cabe verificar la resonancia europea e internacional del proyecto es, sin duda, la de la importancia y la tasa de difusión de los resultados conseguidos hasta ahora por el *Common Core*. Los volúmenes que recogen los resultados de la investigación se publican en una colección es-

93 La lista de los participantes en el proyecto se encuentra disponible en: http://www.common-core.org/index.php?option=com_content&view=article&id=62&Itemid=77.

94 Sobre la profunda apertura del proyecto a las aportaciones que están llamados a ofrecer a la investigación los estudiosos de esta área geográfica, véanse los trabajos presentados en la reunión general del proyecto en 2004, en la conferencia "Ten New Treasury Boxes - The European Enlargement and the Common Core Project", publicados en: M. Bussani & U. Mattei, Opening Up European Law, *The Common Core Project*, Bern, Staempfli, 2007.

95 Sobre la composición de la red de trabajo de investigación y sobre las motivaciones que llevan a los autores a participar en el proyecto, vease *infra*, epígrafes 7 y 8.

pecífica de Cambridge University Press[96]. Hasta hoy, han sido publicados doce libros: R. Zimmermann and S. Whittaker (eds.), *Good Faith in European Contract Law*, 2000, reimpresión en 2008; J. Gordley (ed.), *The Enforceability of Promises in European Contract Law*, 2001; M. Bussani and V.V. Palmer (eds.), *Pure Economic Loss in Europe*, 2003, reimpresión en 2011; E.-M. Kieninger (ed.), *Security Rights in Movable Property in European Private Law*, 2004, reimpresión en 2009; R. Sefton-Green (ed.), *Mistake, Fraud and Duties to Inform in European Contract Law*, 2005, reimpresión en 2009; M. Graziadei, U. Mattei and L. Smith (eds.), *Commercial Trusts in European Private Law*, 2005, reimpresión en 2009; T. Möllers and A. Heinemann (eds.), *The Enforcement of Competition Law in Europe*, 2008; M. Hinterreger (ed.), *Environmental Liability and Ecological Damage in European Law*, 2008; G. Brüggemeier, A. Colombi Ciacchi and P. O'Callaghan (eds.), *Personality Rights in European Tort Law*, 2010; E. Hondius and H.C. Grigoleit (eds.), *Unexpected Circumstances in European Contract Law*, 2011; J. Cartwright and M. Hesselink (eds.), *Precontractual Liability in European Private Law*, 2011; C. van der Merwe and A.-L. Verbeke (eds.), *Time Limited Interests in Land*, 2012. En proceso de publicación se encuentran V.V. Palmer (ed.), *Immaterial Damage in European Contract Law* y C. van der Merwe, *Condominium*. Se acaba de terminar el volumen a cargo de S. Martín Santisteban y P. Sparkes (eds.), *The Protection of Immovable Property*.

También la editorial americana Carolina Academic Press, junto con la suiza Staempfli y la belga Bruylant han dedicado una colección al proyecto, en la que han publicado F. Werro and V.V. Palmer (eds.), *The Boundaries of Strict Liability in European Tort Law*, 2004; B. Pozzo (ed.), *Property on Environment. Old and New Remedies to Protect Natural Resources in the European Context*, 2007.

En la actualidad se encuentran en fase de elaboración los siguientes volúmenes: C. Godt, G. van Overwalle, L. Guibault and D. Beyleveld (eds.), *Boundaries to Information Property*

---

96 En el sitio web: http://www.cambridge.org/gb/academic/subjects/law/comparative-law/series/common-core-european-private-law aparecen publicados los volúmenes del proyecto editados hasta ahora.

in European Law; L. Martínez and A. Pradi (eds.), *Transfer of Immovable Property in European Law*; F. Fiorentini and T. Josipovic (eds.), *Security Rights in Immovable Property in European Law*; F. Valguarnera, U. Mattei, S. Bailey (eds.), *Access to Nature*; D. Panforti, A. Miranda, O. Roy and C. Dadomo (eds.), *Duties of Care and Duties of Cash in European Family Law*; N. Cohen, R. Stevens and G. Dannemann (eds.), *Restitution in Contractual Context in European Law*; P. Pichonnaz (ed.), *Set-Off in European Law*; P. Giliker, B. Gsell and T. Reufner (eds.), *Remedies in Contract Law in Europe*; J. Baaij, L. Macgregor and D. Cabrelli (eds.), *Interpretation of Commercial Contracts in Europe*; A. Colombi Ciacchi, C. Mak and Z. Mansoor (eds.), *Immoral Contracts in Europe*; S. Banakas and A. Mullis (eds.), *Personal Injury Compensation in European Law*; M. Infantino and E. Zervogianni (eds.), *Causation in European Tort Law*; M. Jozon and J. Page (eds.), *Product Liability*.

Además, un importante número de publicaciones internacionales aparecidas en editoriales y revistas de prestigio se han dedicado expresamente al proyecto[97].

En tercer lugar, para medir la proyección europea del *Common Core* puede resultar útil llevar a cabo algunas reflexiones relativas a la centralidad del proyecto en el seno del debate europeo sobre Derecho privado europeo y comparación jurídica. En relación con este aspecto, pueden extraerse algunas indicaciones a partir de la búsqueda relativa a las citas al proyecto en

---

97 L. Antoniolli, F. Fiorentini y J. Gordley, "A Case-Based Assessment of the Draft Common Frame of Reference", 58 *Am. J. Comp. L.*, 2/2010, pp. 343-358; M. Infantino, M. Bussani y F. Werro, "The Common Core Sound. Short Notes on Themes, Harmonies and Disharmonies of European Tort Law", 20 *King's Law Journal*, 2009, pp. 239 ss., M. Bussani & U. Mattei, *Opening Up European Law, The Common Core Project*, Bern, Staempfli, 2007; M. Bussani & F. Fiorentini, *I contratti di finanziamento e le garanzie del credito nella prospettiva europea/Financial Contracts and Secured Transactions in the European Perspective*, Quaderni del Dipartimento di Scienze Giuridiche, Trieste, 2003; M. Bussani & U. Mattei (eds), *The Common Core of European Contract Law. Essays on the Project*, The Hague, London, New York, Kluwer Law International, 2002 (reimpr. 2003); U. Mattei & A. Pradi (eds), *Rudolf B. Schlesinger: Memories*, Quaderni del Dipartimento di Scienze Giuridiche, Trento, 2000; M. Bussani & U. Mattei, *Making European Law. Essays on the Common Core Project*, Quaderni del Dipartimento di Scienze Giuridiche, Trento, 2000.

la bibliografía jurídica europea así como en la extraeuropea que es relevante en Europa. De manera sintética, las sugerencias que pueden extraerse de esta rápida investigación -que, por supuesto, no tiene la pretensión de ser completa- son las siguientes:

(i) El proyecto *Common Core* es bien conocido en Europa en el circuito de la literatura sobre Derecho privado europeo. Es citado constantemente[98], junto a otros proyectos académicos

98 Para la bibliografía en francés véase, al menos, F. Werro, *L'européanisation du droit privé: vers un code civil européen?*, Fribourg, 1998, p. 23 ss.; S. Nadaud, *Codifier le droit civil européen*, Bruxelles, 2008, pp. 137 ss.; C. Witz, *Plaidoyer pour un Code européen des obligations, D*, 2000, p. 79; D. Tallon, "Vers un droit européen du contrat?", en *Mélanges Colomer*, 1993, p. 485 ; Id., "Les principes pour le droit européen du contrat", en *Defrénois*, 2000, p. 683; B. Fauvarque-Cosson, "Faut-il un Code civil européen?", en *RTDciv.*, 2002, p. 463; D. Blanc, "La longue marche vers un droit européen des contrats", en *Recueil Dalloz*, 2007, pp. 1615 ss.; S. Pimont, "A propos de l'activité doctrinale civiliste. Quelques questions dans l'air du temps", in *RTD Civ.* 2006, pp. 707 ss.; V. Heuzé, "A propos d'une initiative européene en matière de droit des contrats", en *JCP*, 2002, I, p. 152.
Para la bibliografía alemana, véase, al menos, A. Metzger, *Extra legem, intra ius: allgemeine Rechtsgrundsätze im europäischen Privatrecht*, Tübingen, 2009, pp. 20 ss.; W. Wurmnest, "Common Core, Grundregeln, Kodifikationsentwürfe, Acquis-Grundsätze - Ansätze internationaler Wissenschaftgruppen zur Privatrechtsvereinheitlichung in Europa", en *ZEuP*, 2003, pp. 714 ss.; N. Jansen, "Dogmatik, Erkenntnis und Theorie im europäischen Privatrecht", en *ZEuP*, 4/2005, pp. 750 ss., 773, quien critica el proyecto *Common Core* por cuanto da lugar a resultados que no pueden reproducirse, al estar basados en hipotéticas soluciones a casos concretos por parte de los ordenamientos nacionales; R. Zimmermann, "Die Principles of European Contract Law als Ausdruck und Genigenstand Europäischer Rechtswissenschaft", en *Jura*, 2005, pp. 289 ss.; 441 ss.; véase, también, Id., "Le droit comparé et l'européanisation du droit privé", en *RTD Civ.*, 2007, pp. 451 ss.; N. Jansen, R. Michaels, "Private Law and the State, Comparative Perceptions and Historical Observations", en 71 *RabelsZ*, 2007, pp. 345 ss., 395.
Para España véase, por ejemplo, M. Bussani, "En busca de un Derecho Privado Europeo", en *Anuario de Derecho Civil*, 3/2002, pp. 941 ss.; G. Ajani, B. Pasa et alii, *Sistemas jurídicos comparados*, Barcelona, 2013, p. 372; F.J. Infante Ruiz, "Entre lo político y lo académico: un Common Frame of Reference de Derecho privado europeo", en *InDret*, 2/2008, p. 14, 22; S. Cámara Lapuente, *Derecho privado europeo*, Madrid, 2003; A. Vaquer Aloy, "La vocación europea del Derecho civil. Reflexiones sobre la oportunidad de un Código civil europeo", en *La Ley*, 2/2004, pp. 1603 ss.

de los que han surgido importantes modelos de armonización "legislativa" para el Derecho europeo, en particular en el ámbito de los contratos. En los distintos trabajos sobre el tema se pone de manifiesto que el proyecto tiene ya un papel consolidado, y está bien colocado entre los que ambicionan crear una cultura jurídica europea como base del Derecho privado europeo y, como tales, se contraponen a las iniciativs que, en cambio, tienen como objetivo la producción de un conjunto de *black letter rules* (principios generales) para Europa. Como es sabido, este es el tipo de aproximación que se ha seguido, por ejemplo, por la Comisión Lando, que entre los años '80 y '90 ha producido los *Principles of European Contract Law*[99], o por el Study Group on a European Civil

---

Para Portugal, T.S. Pereira, "Proposta de reflexão sobre um Código Civil Europeu", en 64 *Rev. Ordem dos Avogados*, 2004: http://www.oa.pt/Conteudos/Artigos/detalhe_artigo.aspx?idc=31559&idsc=45841&ida=47182.

Entre los autores procedentes de los países del Norte de Europa, vid. A.L. Kjaer, "A Common Legal Language in Europe?", en M. Van Hoecke (ed.), *Epistemology and Methodology of Comparative Law*, Oxford and Portland, 2004, pp. 377 ss.; G. Cordero Moss, "A Comparison Between Italian, English and Norwegian Rules as an Illustration of Different Legal Methods", en 111 *Tidsskrift for Retsvitenskap*, 1999, pp. 884 ss. Para numerosas referencias a la escuela de Sacco y al proyecto "*Common Core*", también en lo relativo a sus clases en la Universidad de Oslo, véase http://folk.uio.no/giudittm/PCL_Vol15_3%5B1%5D.pdf, por ejemplo, p. 56.

En lo que se refiere a Europa oriental, véanse los trabajos de importantes autores de Europa del Este recogidos en M. Bussani & U. Mattei, *Opening Up European Law. The Common Core Project Towards Eastern and Southeastern Europe*, cit., así como T. Tajti, "The unfathomable nature and future of the European private law project", en *China-EU Law Journal*, 2013, pp. 69 ss., 77 ss., donde se encuentra una profunda presentación y discusión sobre el proyecto. Para Serbia, véase D. Nikolić, *Увод у систем грађанског права* (*Introduction to Civil Law*), 9th edn, Novi Sad, 2013, p. 70 s. Desde 2004, el proyecto es objeto de enseñanza universitaria en el segundo curso de los estudios de la Facultad de Derecho de Novi Sad, así como en numerosos cursos formativos post-universitarios en las regiones de Europa sudoriental.

99 O. Lando, H. Beale (eds), *Principles of European Contract Law, Parts I and II, Combined and Revised*, The Hague, 2000; O. Lando, E. Clive, A. Prüm & R. Zimmermann (eds), *Principles of European Contract Law, Part III*, The Hague, 2003. Para la historia de la "Comisión Lando", vid. v. O. Lando, "The European Principles in an Integrated World", en 1 *ERCL*, 2005, pp. 3 ss.

Code de von Bar, que ha redactado los *Principles of European Law*[100], así como, años después, por el *CoPECL Joint Network on European Private Law*, que ha redactado el *Draft Common Frame of Reference* de 2009[101].

(ii) Desde un punto de vista cuantitativo, muy pocas veces la vastísima literatura sobre el Derecho privado europeo y sobre la compración jurídica lleva a cabo también un análisis metodológico profundo cuando cita el proyecto. La cuestión del método, que es una característica esencial del proyecto, muchas veces resulta descuidada. La impresión que se extrae es la de un escaso conocimiento o comprensión de su originalidad y de sus promesas en el caso de ponerse en práctica de forma correcta. Existen, por supuesto, notables excepciones desde un punto de vista cualitativo, pues a lo largo de estos años se han publicado algunos trabajos enteramente dedicados al proyecto y a su método en prestigiosas

---

100 Los Principios von Bar están publicados por la editorial Sellier de Munich en colaboración con Oxford University Press y Staempfli, en una serie específica denominada "Principles of European Law" (PEL). Hasta hoy han aparecido los siguientes volumenes: *Non-Contractual Liability Arising out of Damage Caused to Another*, coord. por Ch. von Bar, 2009; *Sales*, coord. por E. Hondius, V. Heutger, C. Jeloschek, H. Sivesand, A. Wiewiorowska, 2008; *Lease of Goods*, coord. por K. Lilleholt, A. Victorin†, A. Fötschl, B.-E. R. Konow, A. Meidell, A. Bjøranger Tørum, 2007; *Service Contracts*, coord. por M. Barendrecht, C. Jansen, M. Loos, A. Pinna, R. Cascão, S. van Gulijk, 2006; *Commercial Agency, Franchise and Distribution Contracts*, coord. por M.W. Hesselink, J.W. Rutgers, O. Bueno Díaz, M. Scotton, M. Veldmann, 2006; *Personal Security*, coord. por U. Drobnig, 2007; *Benevolent Intervention in Another's Affairs*, coord. por Ch. von Bar, 2006; *Unjustified Enrichment*, coord. por S. Swann y Ch. Von Bar, 2010; *Mandate Contracts*, coord. por M.B.M. Loss y O. Bueno Díaz, 2012; *Acquisition and Loss of Ownership of Goods*, coord. por B. Lurger y W. Faber, 2011; *Proprietary Security in Movable Asset*, coord. por U. Drobnig, 2014.

101 Study Group on a European Civil Code/Research Group on EC Private Law (Acquis Group) (eds), *Principles, Definitions and Model Rules of European Private Law, Draft Common Frame of Reference* (Full Edition), Múnich, Sellier, October 2009. Sobre este trabajo véase, al menos, F. Cafaggi, H.-W. Micklitz, *European Private Law after the Common Frame of Reference*, Cheltenham, Elgar, 2010; G. Alpa, G. Iudica, P. Zatti, U. Perfetti, *Il Draft Common Frame of Reference del diritto privato europeo*, Padova, 2009. Para los detalles sobre la red de trabajo de excelencia, vid. http://www.copecl.org/.

casas editoriales, firmados por autores de clara fama[102]. Parece que el método de Sacco de la disociación de los formantes ha captado la atención de los estudiosos europeos; su presentación y análisis ha alcanzado una difusión importante en los últimos años. En Francia, la obra de Rodolfo Sacco ha circulado y se ha difundido antes que en Alemania. El

---

102 En este sentido, por ejemplo, D. Gerber, "The Common Core of European Private Law: The Project and Its Books", en 52/4 *Am.J.Comp.L.*, 2004, pp. 995 ss.; M. Graziadei, "The Functionalist Heritage", en P. Legrand & R. Munday (eds.), *Comparative Legal Studies: Traditions and Transitions*, Cambridge, 2003 101; V.V. Palmer, "From Lerotholi to Lando: Some Examples of Comparative Law Methodology", en 4/2 *Global Jurist Frontiers*, 2004, art. 1; G. Frankenberg, "How to Do Projects with Comparative Law: Notes of an Expedition to the Common Core", en 6/2 *Global Jurists Advances*, 2006, pp. 19 ss.; Id., *Comparative Law from Below. The Construction of a Critical Project in Comparative Legal Studies*, que se dedica más al *common core* de Schlesinger que al de Bussani y Mattei, centrado en los sistemas jurídicos de América Latina; E. Hondius, "Fifteen Years of European Private Law At the Occasion of the 15th Birthday of the Trento/Torino Common Core of European Private Law Project", en *Opinio Juris in Comparatione*, 2/2009, paper n. 5, pp. 1 ss.; Id., "The Common Core of European Private Law, Trento, 15-17 July 1999", en *Eur.Rev.P.L.*, 2000, p. 249; O. Lando, "The Common Core of European Private Law and the Principles of European Contract Law", 21 *Hastings Int'l & Comp L Rev.*, 1998, pp. 809 ss.; L. Nottage, *Convergence, Divergence, and the Middle Way in Unifying or Harmonising Private Law*, EUI Working Paper Law No. 2001/01, p. 6 ss., 10 ss.; M. Bussani, A. Musy, "I metodi della comparazione: il "Common Core" dei diritti europei del contratto", en *RCDP*, 2000/3, pp. 537 ss.; N. J. De Boer, "Theoretical Foundations of the Common Core of European Private Law Project: A Critical Appraisal", en 17/5 *ERPL*, 2009, pp. 841 ss.; véase, además, E. Ariano, M. de Morpurgo, "The 15th Anniversary of the Common Core of European Private Law", en 18/2 *ERPL*, 2010, pp. 407 ss.; F. Fiorentini, "A Report on 2001 and 2002 "The Common Core of European Private Law" Meetings", en *Zeitschrift für Europäisches Privatrecht*, 2, 2003, p. 404 ss.; F. Fiorentini & M. Zimmermann, "The Common Core of European Private Law", en 4 *Newsletter European Private Law*, Nr. 1, October 2001, p. 5 ss. En Europa, el método del *Common Core* es conocido y citado en trabajos de Derecho penal comparado: E. Grande, "Comparative Criminal Justice: a long neglected discipline on the rise", en M. Bussani & F. Werro, *Cambridge Companion to Comparative Law*, Cambridge, 2012, pp. 191 ss.; P. Roberts, "On Method: The Ascent of Comparative Criminal Justice", 3/22 *OJLS*, 2002, pp. 539 ss., 542, nota 10 (se trata de una profunda recensión de D. Nelken (ed.), *Contrasting Criminal Justice: Getting from Here to There*, Aldershot, 2000).

propio Sacco escribió en francés el manifiesto de su método al princpio de los años '90[103]. A continuación se sitúa la traducción francesa de los *Sistemi giuridici comparati* de Sacco y Gambaro[104]. El método de los formantes está en el centro de las lecciones de Derecho comparado e Francia; también en el núcleo del debate sobre el método de estudio del Derecho (civil) [105]. En la actualidad, también en Alemania -más en general, en los países de lengua alemana- con la contribución de las dos ediciones de la traducción al alemán de la obra de Sacco[106] y de su adopción en varios cursos universitarios de *Rechtsvergleichung* como libro de texto, junto al de Zweigert-Kötz[107], la disociación de los formantes es bien conocida en el estudio del Derecho privado nacional y extranjero, y del Derecho privado europeo[108]. Además, este método se

103 R. Sacco, *La comparaison juridique au service de la connaisance du droit*, Paris, 1991. Para conocer la repercusión de la figura de Sacco en la cultura comparatística francesa, véase P. Legrand, "Questions à Rodolfo Sacco", en *RIDC*, 4/1995, pp. 943 ss. Posteriormente, H. Muir Watt, "La fonction subversive de droit comparé", en RIDC, 3/2000, pp. 503 ss.

104 A. Gambaro, R. Sacco, L. Vogel, *Traité de droit comparé – Le droit de l'Occident at d'ailleurs*, París, 2011.

105 R. Sacco, "Comparatisti italiani al lavoro!", en *Revue jur. de l'ISAIDAT*, 1/2010, p. 1 s.; B. Jaluzot, "Méthodologie du droit comparé: bilan et prospective", en *RIDC*, 1/2005, pp. 29 ss. p. 45 ; vid. también P.G. Monateri, "Methods in Comparative Law: An Intellectual Overview", en Id. (ed.), *Methods of Comparative Law*, Cheltenham, Northampton, 2012, p. 7 ss.

106 R. Sacco, *Einführung in die Rechtsvergleichung*, traducción del italiano al alemán de Jacob Joussen, 1ª ed. Baden-Baden, 2001, 2ª ed. no modificada Baden-Baden, 2011.

107 Véase los cursos de *Einführung in die Rechtsvergleichung* de la Universidad de Trier: http://www.uni-trier.de/index.php?id=40699, Köln: http://www.uni-koeln.de/jur-fak/eurecht/htdocs/bin/lehre/Rechtsvergleichung/ss2007/Literaturliste_Rechtsvergleichung_SS2007.pdf; Berlín (Humboldt): http://bodewig.rewi.hu-berlin.de/doc/10686/02_Literatur_Rechtsvergleichung.pdf, solo por citar algunos.

108 F. Ranieri, "Die Rechtsvergliechung und das deutsche Zivilrecht im 20. Jahrhundert: eine wissenschaftshistorische Skizze", en H. Kaelble u. J. Schriewer (Hg.), *Vergleich und Transfer. Komparatistik in den Sozial- Geschichts- und Kulturwissenschaften*, Frankfurt a.M., 2003, pp. 221 ss.; M. Martinek, "Wissenschaftsgeschichte der Rechtsvergleichung und des internationales Privatrechts in der Bundesrepublik Deutschland", en D. Simon (Hrsg.),

cita con frecuencia, y muchas veces se analiza también en los capítulos introductorios, reservados tradicionalmente a las premisas metodológicas, de las memorias escritas por los jóvenes licenciados dirigidas a obtener el título de doctor (*Doktorarbeit*)[109]. El dato es relevante porque en la mayor parte de los casos, estos trabajos -que en muchas ocasiones alcanzan un excelente nivel- no están destinados al circuito científico; en Alemania, el título de doctor es un canal de acceso necesario para ejercer la profesión forense en un nivel medio o alto. La difusión de la teoría de los formantes en este tipo de publicaciones pone de manifiesto que ha sido capaz de despertar el interés y de mantener un carácter de innovación y originalidad respecto a los métodos tradicionales de análisis jurídico. También en la bibliografía de Derecho público alemán, tanto nacional como comparado, el método de Sacco se presenta y se discute, a veces incluso a través de los autores italianos, que dialogan con los alemanes[110].

Rechtswissenschaft in der Bonner Republik. Studien zum Wissenschaftsgeschichte der Jurisprudenz, Frankfurt a.M., 1994, pp. 529 ss.

109 Entre otros, M. Schreier, *Schutz vor willkürlichen und diskriminierenden Entlastungen*, Tübingen, 2009, p. 11, que ha decidido presentar los argumentos sobre los problemas analizados distiguiendo la doctrina y la jurisprudencia, de acuerdo con el método de Sacco; así, también, T. Wegner, *Überseekauf am Agrarhandel. Die Kontraktpraxis nach GAFTA und Einheitsbediengungen*, Frankfurt a.M., 2013, p. 5 ss.; H. Frase, *„Leoninische Vereinbarungen" und Ergebnisbeteiligungspflicht im deutschen und italienischen Gesellschaftsrecht*, Frankfurt a.M., 2010, p. 16; M. Immenhausen, *Das Dogma von Vertrag und Delikt. Zur Entstehungs- und Wirkungsgeschichte der zweigeteilten Haftungsordnung*, Köln, 2006, p. 13; S. Apel, *Der ausübende Musiker im Recht Deutschlands und der USA*, Tübingen, 2011, p. 9; B. Laukemann, *Die Unabhängigkeit des Insolvenzverwalters*, Tübingen, 2010, p. 1. En Austria: I. Koza, *Geschlechtliche Paare im Kampf ums Recht, Österreich und Argentinien im Vergleich*, Wien, 2012 (trabajo de fin de máster), pp. 19 y ss. En Suiza: K. Pärli, A. Kaplazi, C.Suter, *Recht gegen HIV/Aids-Diskriminierungen im Arbeitsverhältnis*, Berne, 2007; cfr. además P.V. Kunz, "Einführung zur Rechtsvergleichung in der Schweiz", en *Recht*, 2/2006, p. 47, 49.

110 A. Vespaziani, "Die Europäische Verfassungslehre im Wandel zur post-ontologischen Rechtsvergleichung", en A. Blankenagel, I. Pernice, H. Schulze-Fielitz (Hrsg.), *Verfassung im Diskurs der Welt. Lieber Amicorum für Peter Häberle*, Tübingen, 2004, pp. 455 ss., 465 ss.; C. Backes, "Effektivität von EG-Re-

En Portugal, a cuya lengua se ha traducido la obra de Sacco en 2001[111], la escuela comparatística italiana es bien conocida, tanto en lo que se refiere a la teoría de los formantes del Derecho como al proyecto *Common Core*; ambos aspectos se han convertido en objeto consolidado de estudio y enseñanza universitaria[112]. No sorprende, en cambio, que Inglaterra parezca el país menos permeable a las tesis de Sacco, dado el endeble desarrollo que ha tenido allí el Derecho comparado, frente a lo sucedido en Francia, Alemania o Italia[113]. Por el contrario, en los países nórdicos, donde existe una sólida tradición de estudios metodológicos y de teoría general del Derecho, Sacco es notablemente conocido y estudiado[114].

(iii) En relación con el escaso debate científico sobre la potencialidad del método del proyecto *Common Core*, puede citarse

cht bei unterschiedlichen verwaltungsprozessualen Regelungen", en R. de Groot u. A. Janssen (Hg.), *Festschrift anlässlich des sechzigjährigen Bestehens der Deutsch-Niederländischen Juristenkonferenz*, Münster, 2009, pp. 159 ss. (para la comparación en Derecho administrativo).

111 R. Sacco, *Introdução ao direito comparado*, São Paulo, 2001.

112 Por todos, C. Ferreira de Almeida, J. Morais Carvalho, *Introdução ao direito comparado*, 3a ed., Lisboa, 2013.

113 J.W. Cairns, "Development of Comparative Law in Great Britain", en *The Oxford Handbook of Comparative Law*, Oxford, 2008, pp. 131 ss. Sin embargo, el proyecto "*Common Core*" no es desconocido: A. Peters & H. Schwenke, "Comparative Law Beyond Post-modernism", en 49/4 *ICLQ*, 2000, pp. 800 ss.; T. Lundmark, *Charting the Divide Between Common and Civil Law*, Oxford, 2012, p. 24.

114 Por ejemplo, T. Bräutigam, *Rechtsvergliechung als Konfliktvergleich. Das deutsche Informationsfreiheitsgesetz aus Perspektive des US-amerikanishen und finnischen Rechts*, Helsinki, 2008, p. 10, 19 s., 33, sobre la relación entre lengua y Derecho; M. Kiikeri, *Comparative Legal Reasoning and European Law*, Dodrecht, Boston, London, 2001, p. 31, sitúa a Sacco en la aproximación tradicional del Derecho comparado, que examina las formas contemporáneas de legitimación del derecho en los distintos sistemas jurídicos, con el fin de revelar la estructura y las funciones del derecho en estos sistemas, lo que les lleva a entender que pueden extraer, dentro de ciertos límites, algunas consecuencias dogmáticas. En cambio, J. Husa & J. Smits, "A Dialogue on Comparative Functionalism", en 18 *Maastricht J. of Eur. Comp.L.*, 2011, pp. 554 ss., se ocupan brevemente de los proyectos centrados en el *common core* del Derecho privado europeo como ejemplos de funcionalismo. Sobre el funcionalismo, J. Husa, "Methodology of Comparative Law Today: From Paradoxes to Flexibility?", en *R.int.dr.comp.*, 4/2006, pp. 1095 ss.

una excepción, representada por el trabajo llevado a cabo por un grupo de participantes activos en el proyecto en relación con el *Draft Common Frame of Reference*. Debe recordarse, en este sentido, que en 2005 el proyecto *Common Core* había entrado a formar parte de la red de trabajo de excelencia CoPECL como grupo de apoyo crítico, al que las instituciones europeas habían confiado la tarea de llevar a cabo una valoración del posible impacto del *Draft Common Frame of Reference* "académico" sobre los sistemas nacionales, sobre la base de la aproximación factual como método característico del *Common Core*[115]. Tras la publicación del DCFR, el objetivo del estudio encargado al *Common Core* era el de valorar si la hipotética adopción del DCFR como régimen opcional en los Estados de la UE habría contribuido a acercar los sistemas jurídicos europeos o bien si habría generado fricciones significativas. A este fin, Mauro Bussani y Ugo Mattei, en calidad de responsables del proyecto, constituyeron en 2008 un subgrupo de trabajo bajo la dirección de Luisa Antoniolli y de quien escribe, que se ha denominado *Common Core Evaluating Group*[116]. El grupo de evaluación seleccionó algunos temas objeto de regulación por el DCFR y se propuso analizarlos con método comparatístico a la luz del Derecho vigente, en una muestra representativa de los sistemas nacionales pertenecientes a la UE, entre los que han estado representados incluso los países de Europa del Este. El método de análisis ha sido el típico del *Common Core*. Se elaboraron casos hipotéticos, que debían ser resueltos por cada uno de los participantes en la investigación, de un lado siguiendo el Derecho nacional (a veces, de acuerdo con más de uno Derechos nacionales); de otro, de acuerdo con las reglas modelo del DCFR, distinguiendo los tres niveles de respuesta relativos a los formantes operativos, a los descriptivos y a los metalegales. El objetivo consistía en verificar, de modo fáctico, si las reglas europeas recién naci-

---

115 Cfr: http://www.copecl.org/.

116 En el grupo de trabajo han participado: V. Bineva, C. Gómez Liguerre, M. Jozon, V. Mak, S. Meier, G. Panek, R. Peleggi, I. Smits, S. Vigneron, L. van Vliet, C. Willett, S. Wong; a los anteriores se han sumado E. Ioriatti Ferrari, L. Nogler, U. Reifner y C. Schmid con contribuciones críticas.

das estaban en consonancia con las nacionales o bien si, y en qué medida, se apartaban de ellas[117].

La operación ha presentado dificultades operativas y limitaciones en relación con los resultados, porque el presupuesto de un análisis completo siguiendo el método del *Common Core* es el de que se pueda tener en cuenta todos los formantes jurídicos implicados en el derecho aplicado, mientras que desde el momento en que los participantes en el proyecto han debido analizar los casos siguiendo las reglas del DCFR, se han enfrentado, necesariamente, solo al dato normativo -faltando, pues, por completo la aplicación de las reglas de *soft law* recién publicadas, que son un producto meramente doctrinal-. El ejercicio de comparación práctica, por lo tanto, ha arrojado un resultado inevitablemente desequilibrado a favor del Derecho de los sistemas nacionales. Los resultados de tal trabajo se publicaron a finales de 2009[118], y han permitido poner en evidencia algunas tendencias que han sido expuestas en otro lugar[119] y que, en sustancia, coinciden con lo que se ha destacado por gran parte de la doctrina crítica con el DCFR, poniendo de manifiesto una serie de potenciales problemas aplicativos del DCFR académico. Lo que quiere subrayarse

117 Los casos estudiados se refieren a: *unfair terms* (C. Willett), *change of circumstances* (V. Bineva), *plurality of debtors* (S. Meier), *sales* (R. Peleggi), *lease of goods* (G. Panek), *mandate* (C. Gómez Liguerre), *personal security* (S. Vigneron, S. Wong), *non-contractual liability arising out of damage caused to another* (M. Jozon), *unjustified enrichment* (I. Smits, V. Mak), *acquisition and loss of ownership of goods* (L. van Vliet). A estos trabajos se han añadido algunas contribuciones críticas conectadas con el estudio que se estaba llevando a cabo: 'The 'Three Lives' of European Private Law' (C. Schmid), 'Draft Common Frame of Reference and Terminology' (E. Ioriatti Ferrari), 'Social Contracts in the Light of the Common Frame of Reference for a Future Contract Law' (L. Nogler, U. Reifner).

118 L. Antoniolli, F. Fiorentini, *A Factual Assessment of the Draft Common Frame of Reference, prepared by the Common Core Evaluating Group*, Monaco, Sellier, 2010.

119 Véase L. Antoniolli, F. Fiorentini, J. Gordley, "A Case-Based Assessment of the Draft Common Frame of Reference" (2/2010) 58 *Am. J. Comp. L.* 343-358 y L. Antoniolli, F. Fiorentini, "Concluding Remarks", en L. Antoniolli, F. Fiorentini, *A Factual Assessment of the Draft Common Frame of Reference*, cit., p. 377 ss., 410 ss.; Ead., "Draft Common Frame of Reference, diritto private europeo e metodologia del Common Core", en G. Ajani, A. Gambaro, M. Graziadei, R. Sacco, V. Vigoriti, M. Waelbroeck (coords.), *Studi in onore di Aldo Frignani*, Jovene, Napoli, 2011, pp. 33 ss.

aquí es la originalidad del método con el que el *Evaluating Group* ha llevado a cabo su tarea, que ha permitido que este trabajo y, por tanto, la originalidad del proyecto *Common Core*, haya circulado en Europa[120].

7. La dimensión social del *Common Core*

Existe, además, una dimensión social, relacional y educativa del *Common Core* que es parte integrante de sus aspectos técnico-jurídicos y que, junto a estos últimos, contribuye a determinar el éxito (y quizás también los límites) del proyecto. Este aspecto antropológico casi nunca ha sido objeto de atención por parte de la doctrina que analiza cómo se elabora el Derecho privado europeo y que lleva a cabo la radiografía de los proyectos académicos en este sector[121]. Desde la óptica de una valoración de los partici-

120 Véanse las recensiones de D. de Carolis, en 7/3 *The European Rev. of Contract Law*, 2011, pp. 460 ss.; en *Journal of Consumer Policy*, 1/2012, p. 275; en *The European Legal Forum*, 3/2013, p. 99; R. Süβ, en *DNotI-Report* 11/2014, junio de 2014, p. 86. La obra ha sido citada y/o analizada, por ejemplo, por: S. Vogenauer, "Drafting and Interpreting of a European Contract Law Instrument", en G. Dannemann & S. Vogenauer (eds.), *The Common European Sales Law in Context: Interactions with English and German Law*, Oxford, 2013, pp. 82 ss., 89; C. Marchetti, "Legal Categories and Legal Terms in the Path towards European Private Law: The Experiment of the DCFR", en 6 *ERPL*, 2012, p. 1265 ss.; en las contribuciones de P. Giliker, "The Draft Common Frame of Reference and European Contract Law: Moving From the 'Academic' to the 'Political'"; P. Sparkes, "European Contract Law: How to Exclude Land?" y M. Schillig, "European contract law-making and development: lessons from the Unfair Contract Terms Directive's price term exemption", todos en J. Devenney & M. Kenny (eds.), *The Transformation of European Private Law*, Cambridge, 2013, en las p. 23 ss., 78 ss. y 256 ss., respectivamente; T. Tajti, "Neglected Challenges of the Law in the 21st Century: Focus on Post-Socialist Central Europe", en *The Milestones of Law in the Area of Central Europe*, Bratislava, 2013, pp. 1014 ss., 1016. El trabajo del *Common Core Evaluating Group* forma parte de las lecturas aconsejadas por el programa de LLM sobre Fundamentos de Derecho comparado (*Foundations of Comparative Law*) de la School of Oriental and African Studies (SOAS) de Londres: http://www.soas.ac.uk/law/programmes/pg-courses/file87558.pdf.

121 Existe una excepción: se trata de la publicación de un estudio antropológico del proyecto que ofrece algunas notas para afrontar esta perspectiva: A. Schreiner, "The Common Core of Trento. A Socio-Legal Analysis of a Research Project on European Private Law", en A. Jettinghoff, H. Schepel, *In*

pantes en el proyecto como actores sociales, es útil preguntarse quiénes son los participantes y por qué quieren formar parte de esta iniciativa.

Ya se ha dicho que los participantes en el proyecto son, de una parte, académicos que se cuentan entre los más influyentes en el debate actual sobre Derecho privado europeo y comparación jurídica[122]. De otro lado, el proyecto reúne un amplio grupo de jóvenes estudiosos, doctorandos e investigadores, que participan en las actividades de estudio junto a juristas expertos y, a veces, junto a grandes maestros. Con frecuencia los jóvenes, que han recibido una formación jurídica marcada especialmente por el Derecho nacional, no están todavía maduros en su aproximación al Derecho comparado. Su curiosidad hacia otros modos de conocer, explicar y practicar el Derecho es un fuerte catalizador para el proyecto. Este *modus operandis* del *Common Core* garantiza un significativo potencial educativo, que constituye la base indispensable para la formación de una cultura jurídica europea, que es el objetivo, ambicioso y a largo plazo del proyecto. Obsérvese que la cultura jurídica que el proyecto trata de desarrollar y difundir se entiende –a diferencia de lo que sucede en muchos de los otros proyectos académicos de Derecho privado europeo– de un modo no hegemónico. Lo manifiestan con decisión los promotores del *Common Core*[123]. Con él tampoco se pretende imponer un método de estudio ni un resultado específico de la investigación –por ejemplo, la producción de *black letter rules*–, sino que se quiere proceder desde abajo hacia arriba para crear un lugar ideal de encuentro y acercamiento entre nosotros y los otros, un lugar ecuménico, donde el centro del discurso esté ocupado por la recíproca comprensión de las culturas jurídicas de los cuatro ángulos del perímetro europeo[124].

Lawyers' Circles. Lawyers and European Legal Integration, The Hague, 2004, pp. 125 ss.

122 Vid. *supra*, epígrafe 4. Téngase en cuenta que Bussani y Mattei han sido también promotores del proyecto "*Social Justice in European Contract Law*". Véase "Social Justice in European Contract Law: A Manifesto", en 10/6 *Eur.L.J.*, 2004, pp. 653 ss.

123 M. Bussani y U. Mattei, *The Common Core Approach*, cit., pp. 343, 350 s.

124 Sobre la importancia de los lugares físicos de reunión de los estudiosos en relación con nuestro proyecto, véase M. Reimann, "Of Products and Process.

Vale la pena añadir que un importante elemento de unión que favorece la cohesión cultural en el seno del proyecto es la amistad -un factor social subestimado en relación con las investigaciones colectivas en Derecho comparado-. En primer lugar, la amistad y la recíproca admiración que desde el comienzo de sus respectivas carreras unen a dos personas tan distintas como Bussani y Mattei han hecho posible esa particular alquimia entre los promotores de la iniciativa, que les ha permitido llevar adelante el proyecto a lo largo de tantos años, superando innumerables dificultades, con generosidad e inteligencia. En segundo lugar, la amistad que se ha desarrollado entre los participantes más antiguos del proyecto, que ha favorecido su vinculación con la iniciativa y ha contribuido a incrementar su prestigio en el tiempo. No es casualidad que algún autor haya observado[125] que el comparatista necesita amigos en el extranjero. Si el jurista interno puede conformarse con la dimensión solitaria de la investigación el comparatista, por el contrario, para aprehender el verdadero sabor de los sistemas jurídicos ajenos no puede conformarse con leer un libro; necesita tener amigos en todas partes del mundo. El lugar ideal de la comparación es, claro está, el viaje y la conferencia, pero sobre todo la comunicación informal con los amigos, en la que el intercambio cultural y la comparación acerca del estudio y la enseñanza son vehículos privilegiados de conocimiento[126]. Es evidente que el *Common Core* debe mucho a la amistad que existe entre sus adeptos y al hecho de ser un proyecto que nace en una familia que, si bien ha vivido en ocasiones momentos borrascosos, sigue siendo una familia unida en su proyección externa, esto es, la escuela turinesa de Derecho comparado.

The First Six Trento Volumes and Their Making", en M. Bussani & U. Mattei (eds.), *Opening Up European Law*, cit., p. 94 s.

125 T. Weir, "Friendship in the Law", en 6/7 *Tulane Civil Law Forum*, 1991/1992, pp. 61 ss.

126 Reconoce la contribución de las conversaciones informales entre los participantes del proyecto en el marco de las reuniones del *Common Core*, por ejemplo, M. Shapiro, "The Common Core: Some Outside Comments", cit., en Bussani & Mattei (eds.), *The Common Core of European Private Law*, pp. 221 ss., 224.

8. Retórica y política en el proyecto

A continuación veremos cómo también pueden invocarse otros motivos para justificar la atracción que sienten los estudiosos hacia el proyecto, y son motivos de carácter político[127]. Se trata de argumentos que no se han manifestado, pero que están latentes tras el velo de la palabra. Para entender este aspecto, es necesario hacer notar que, en líneas generales, el florecimiento de iniciativas académicas en apoyo de la construcción del Derecho privado europeo revela la intención de la doctrina de volver a ganar el terreno perdido, a partir del período de las codificaciones civiles de Europa continental y del positivismo jurídico, en la competición entre los actores del Derecho[128]. La doctrina en Europa intenta tener mayor peso político en el proceso de elaboración de las leyes (*law-making process*), y, para lograrlo, ha entendido que debe desplazar su atención pasando del Derecho nacional al europeo[129]. El intento de reforzar el propio papel político haciendo uso de la integración jurídica europea revela un claro proyecto hegemónico de la doctrina respecto de los otros formantes del Derecho. Desde esta perspectiva, si comparamos el proyecto *Common Core* con los restantes grupos de estudio, podemos notar que el nuestro se sitúa siempre en una posición excéntrica respecto de los otros. Mientras que los demás proyectos, como es sabido, tienen su propio modo de entender y de usar la comparación y tienes objetivos (diversos, sí, pero) fundamentalmente orientados hacia una hegemonía tecnocrática explícita, dirigida a producir (e imponer) reglas modelo de arriba hacia abajo, el *Common Core*, por el contrario, reivindica una posición neutral en relación con los problemas de política. Bussani y Mattei no se ocupan de los posibles usos políticos de los resultados

---

127 Las razones por las que los autores desean participan en proyectos como el *Common Core* se estudian, por ejmplo, por T. Wilhelmsson, "Private Law in the EU: Harmonised or Fragmented Europeanisation?", en *ERPL*, 1/2002, pp. 77 ss.

128 M. Bussani, "Before and Beyond a European Civil Code", en G. Barrett & L. Bernardeau (eds.), *Towards a European Civil Code. Reflections on the Codification of Civil Law in Europe*, E.R.A. Europäische Rechtsakademie, Trier, 2002, p. 109 ss.

129 M. Hesselink, "The Politics of a European Civil Code", en 10/6 *Eur.L.J.*, pp. 675 ss., 686; M. Shapiro, "The Common Core: Some Outside Comments", cit., pp. 221 ss.

de su investigación; están interesados en comparar, más que en predicar cómo se debe comparar[130], y en generar un conocimiento lo más objetivo posible[131].

Si bien esta es la posición manifiesta del proyecto, es necesario hacer notar cómo, tras la retórica de la cientificidad y neutralidad política, se esconde una realidad operativa diferente, es decir, un empleo diverso de los propios presupuestos esencialmente culturales. En primer lugar, los promotores del proyecto son conscientes de la imposibilidad de admitir la declaración de neutralidad y cientificidad pura del proyecto, al ser sumamente inestables los límites entre conocimiento objetivo y opinión/interpretación subjetiva, tal y como la filosofía de la ciencia ha enseñado a los juristas[132]. De nuevo, Bussani y Mattei han demostrado en varias ocasiones que luchan para obtener legitimación como legisladores (*law-makers*) en el único modo posible para la doctrina, esto es, mediante el conocimiento. El lema del proyecto podría ser "*More study and less drafting*", que resume de forma eficaz la contribución crítica al proceso de redacción del *Draft Common Frame of Reference* como cúspide de los proyectos de "legislación" europea[133]. Dicho en otros términos, lo que garantiza la legitimación técnico-cultural de la doctrina es el conocimiento del Derecho europeo, esto es, el mapeo que se persigue con el proyecto[134].

---

130 M. Bussani & U. Mattei, "Preface: The Context", en Iid (eds.), *The Common Core of European Private Law*, The Hague, 2003, p. 2.

131 M. Bussani & U. Mattei, *The Common Core Approach*, cit., p. 348, sobre el escepticismo valorativo (*value scepticism*) del proyecto.

132 Véase, por todos, J. Derrida, *L'université sans condition*, Paris, 2001; M. Bussani, "Appunti sull'interlocutore del giurista ed il problema dell'interpretazione", en M. Bussani (dir.), *Diritto, Giustizia e Interpretazione*, en *Annuario Filosofico Europeo* coordinado por G. Vattimo y J. Derrida, Bari-Roma, 1998, p. 37 ss.

133 Ugo Mattei y Mauro Bussani en la Introducción que hacen a L. Antoniolli e F. Fiorentini, *A Factual Assessment of the Draft Common Frame of Reference*, cit., p. XVI.

134 Para una crítica al agnosticisimo declarado por los promotores del proyecto y sobre la necesidad de que adopten una clara posición en relación con las cuestiones relativas a valores que acompañan a la integración jurídica europea, véase D. Kennedy, "The Politics and Methods of Comparative Law", en M. Bussani & U. Mattei (eds.), *The Common Core of European Private Law*, The Hague, 2003, pp. 131 ss., 175 ss.Vid. Grosswald Curran, "On the Shoulders of Schlesinger", cit., p. 76, 80.

9. Las perspectivas del Common Core: entre ambiciones y límites

Si se tiene en cuenta el impacto del proyecto y sus veinte años de actividad, no sorprende que, además de ser objeto de numerosos elogios y muestras de apoyo, haya cosechado también algunas críticas[135], entre las que pueden diferenciarse las relativas al método y las que se centran en aspectos operativos.

En relación con los aspectos metodológicos, puede recordarse que el *Common Core* ha sufrido críticas formuladas a nivel de teoría general, cuando se lo compara con el funcionalismo del Derecho comparado. Frente a la esencia de la versión mayoritaria del funcionalismo, representada por Zweigert y Kötz, y según la cual los sistemas jurídicos responden de manera parecida a problemas similares, si bien utilizando técnicas y vías distintas[136], se ha objetado que el Derecho no puede quedar reducido al problema de la función de las instituciones y que, en cualquier caso, la individualización de la función de las instituciones no puede quedar reducida a una búsqueda en los principios generales. El Derecho sería esencialmente un hecho cultural, en el que asume importancia el momento interpretativo y, con él, la mentalidad de los intérpretes[137]. En relación con este tipo de objeciones es fácil de verificar que no pueden dañar al proyecto. En efecto, tanto sus iniciadores como sus participantes son conscientes, por lo general, de la importancia que tienen no solo los formantes interpretativos, sino también los metalegales; es más, la originalidad del *Common Core*, como ya se ha apuntado, reside justamente en haber sido capaz de elaborar un método que tiene en cuenta estos factores a gran escala[138]. La objeción más sensa-

---

135 Puede encontrarse una lista de los elogios y las críticas al proyecto en M. Bussani & U. Mattei (eds.), *Making European Law: Essays on the 'Common Core' Project*, cit.

136 K. Zweigert y H. Kötz, *Einführung in die Rechtsvergleichung*, 3. Aufl., Tübingen, 1996, pp. 31 ss.

137 Es la objeción, por ejemplo, de P. Legrand, *Que sais-je? Le droit comparé*, París, 2011, pp. 36 ss., 119, pero véase también G. Frankenberg, "Critical Comparisons: Re-thinking Comparative Law", 26 *Harv. Int'l LJ*, 1985, p. 411.

138 Cfr. *supra*, epígrafe 4.

ta es, más bien, la que se refiere a las dificultades que inevitablemente acompañan a la puesta en marcha de este método por parte de estudiosos procedentes de diversas culturas jurídicas, que tienen escasas ocasiones de trabajar en grupo; es cierto que los encuentros anuales en Turín son importantes para permitir la discusión entre los miembros de los grupos, pero son demasiado breves como para producir un claro impacto en los resultados de la investigación. En efecto, son frecuentes los equívocos sobre el método del proyecto entre los estudiosos que participan en él, lo que pone en peligro tanto la velocidad de los trabajos como la calidad de los resultados finales. Basten los ejemplos de algunos libros del *Common Core* que, desafortunadamente, se apartan del método fáctico y recurren a las tradicionales cuestiones teóricas[139]. Es evidente que los defectos de la puesta en práctica del método se reflejan en los resultados y ponen en riesgo la fiabilidad del mapeo del Derecho privado europeo, que es el objetivo del proyecto[140].

La segunda objeción sobre el método se refiere a las modalidades a través de las cuales los participantes en la investigación seleccionan los casos que van a formar parte del cuestionario. Se ha observado, en este sentido, que el modo de plantear las preguntas fácticas influye necesariamente en las respuestas, de forma que la identificación de problemas prácticos similares lleva casi automáticamente a encontrar semejanzas en los resultados operativos. El proyecto ha sido criticado en este sentido, porque se apoyaría en una excesiva simplificación de los hechos que, de nuevo, impactaría sobre el mapa final[141]. También en este caso la

---

139 C. van der Merwe y A.-L. Verbeke (eds.), *Time Limited Interests in Land*, Cambridge, 2012; el mismo problema se ha encontrado en las pruebas de S. Martín Santisteban y P. Sparkes (eds.), *The Protection of Immovable Property* (que todavía no está publicado pero que se me ha puesto a disposición por los editores del proyecto) y se ha podido corregir solo en parte.

140 M. Reimann, "Of Products and Process. The First Six Trento Volumes and Their Making", en M. Bussani & U. Mattei (eds.), *Opening Up European Law*, cit., pp. 84 ss., 95 ss.

141 G. Frankenberg, "How to Do Projects with Comparative Law: Notes of an Expedition to the Common Core", en M. Bussani & U. Mattei (eds.), *Opening Up European Law*, cit., pp. 17 ss.

respuesta es fácil. Es verdad que el modo de identificar los problemas a analizar puede influir sobre las respuestas, pero este es un problema epistemológico que afecta a todas las ciencias y del que son bien conscientes los proponentes de la investigación[142]. Se ha dicho que los casos hipotéticos en los que se basa el cuestionario se discuten de forma abierta entre todos los participantes en la investigación, a través de un método que garantiza que se compruebe la relevancia de los mismos desde la óptica de cada uno de los sistemas jurídicos representados en los subgrupos de estudio. En efecto, no parece que exista una alternativa mejor a la hora de elaborar los casos, en especial si tenemos en cuenta que cada participante en el cuestionario está en condiciones de –es más, debe hacerlo– indicar si el caso objeto de análisis es percibido o no como un problema en el ordenamiento propio. Está claro que este modo de operar no evita las simplificaciones, pero hay que hacer notar que cualquier mapa, si quiere ser de utilidad a sus usuarios, debe ser (también) simplificador[143]. De nuevo, el estudio de los resultados alcanzados con cada uno de los libros del *Common Core* muestra, además de parecidos y elementos armónicos entre los sistemas estudiados, numerosas diferencias. Queda pues demostrado en la práctica que el enfoque común del estudio de casos cuya relevancia es compartida por los participantes en la investigación no constituye un obstáculo para elaborar el mapeo más preciso posible de las reglas[144].

En tercer lugar, se ha observado una contradicción entre los objetivos del proyecto –el mapeo a gran escala del Derecho privado europeo de los países de la UE– y la modalidad de aplicación del método de investigación, que en cambio se ha concentrado en temas (ciertamente relevantes pero) demasiado específicos de

---

142 Véase, por ejemplo, M. Bussani, "Choix et défis de l'herméneutic juridique: notes minimes", en 50 *RIDC*, 1998, pp. 735 ss.

143 J. Cartwright & M. Hesselink, "Introduction", en J. Cartwright & M. Hesselink (eds.), *Precontractual Liability in European Private Law*, cit., p. 7 s.

144 Sobre la dificultad de formular observaciones conclusivas en relación a los resultados de las publicaciones del *Common Core*, precisamente a causa de las numerosas diferencias que emergen entre los sistemas y cuyas razones no son fáciles de identificar véase, por ejemplo, M. Reimann, "Of Products and Process", cit., p. 85 ss.

Derecho privado. La especialidad de los temas estudiados y la relativa lentitud del progreso de las publicaciones han llevado a señalar como deseable una revisión de los objetivos de la iniciativa: se ha dicho que el proyecto debería tratar de investigar sectores específicos del Derecho privado europeo, que deberían ser escogidos con extremo cuidado, siguiendo criterios de relevancia práctico-económica o de la representatividad de fenómenos penetrantes, que puedan dar lugar a resultados científicos significativos[145]. Si se observa con calma, estas últimas observaciones parecen más una descripción del progreso (inevitablemente dificultoso) del proyecto que críticas orientadas a los aspectos metodológicos. La especialidad de los temas a estudiar es indispensable si se quieren obtener resultados que logren fotografiar en profundidad el *modus operandi* del Derecho en los distintos ordenamientos europeos. El objetivo de la verificación y revisión de la taxonomía y los asuntos sobre los que se basa el conocimiento moderno solo puede ser un objetivo a muy largo plazo; por lo demás, ni la dificultad para alcanzar los objetivos ni los largos tiempos necesarios para ello pueden afectar a la importancia científica.

En realidad, el verdadero problema que amenaza al proyecto no se refiere al método; se trata, más bien, del mismo con el que se enfrentó el proyecto de Schlesinger, y es el de lograr el suficiente apoyo organizativo y financiero para una investigación de ámbito tan amplio, que debería contar con una sede institucional, como un ente de investigación con su propio personal. Sin el refuerzo del arquitrabe organizativo, el futuro del proyecto está en riesgo, al depender de la generosidad de los esfuerzos de unas pocas personas.

145 M. Reimann, "Of Products and Process", cit., p. 100.

El Common Core del Derecho Privado Europeo y la codificación europea,
de Francesca Fiorentini se imprimió en la república Argentina en
mayo de 2018.

Made in the USA
Monee, IL
18 October 2026

66035472R00044